Gabriele Ring
Zwei rechts, zwei links

Gabriele Ring

Zwei rechts, zwei links

*Die besten Tips zum Stricken
für sie und ihn*

Zeichnungen von Josef Blaumeiser

Delphin Verlag

Wir danken der Firma Junghans-Wolle für die Informationen zum Kapitel »Materialien von A bis Z«, und der Firma Woll-Service, Geisenfeld, für Informationen zum Kapitel »Angebandelt...«

© 1984, Delphin Verlag GmbH
München und Zürich
Alle Rechte vorbehalten
Umschlag: Josef Blaumeiser
Sachzeichnungen: Corinna auf der Heide
Satz: FotoSatz Pfeifer, Germering
Printed in Germany
ISBN 3.7735.5210.6

Liebe Leser,

man kann es allein tun, oder zu zweit, auch in Gesellschaft ist es erlaubt. Frauen tun es sogar im Bundestag, sie tun es auf der Parkbank oder im Café. Männer hingegen tun es lieber in den eigenen vier Wänden: ich rede vom Stricken. Stricken als Freizeitbeschäftigung ist weiterhin auf dem Vormarsch. Und ganz bestimmt nicht, weil so etwas Selbstgestricktes billiger käme als Gekauftes. Nein, ganz einfach weil Stricken in unserer stressigen, lieblosen Zeit ein Vehikel geworden ist für zwischenmenschliche Beziehungen. Ich kann mich austauschen, frage nach Muster, Wollqualität – kurz: ich kann Kontakt knüpfen. Mit einem Strickzeug in der Hand finde ich Anschluß und Gesprächsstoff. Stricken hat eine soziale Funktion.

Die Tante-Emma-Läden sterben aus. Wo gibt's denn noch einen Ort für menschliche Gespräche? Im Woll-Laden zum Beispiel. Hier werden Frauen nicht nur die Woll-Sorgen los, sondern oft auch Seelennöte.

Aber nicht jede Frau hat so einen Woll-Laden in ihrer Nähe. Sie wird dann von den Massenangeboten an Wolle im Supermarkt, im Kaufhaus, sogar im Kolonialwarenladen erdrückt und auch verunsichert. Und dann taucht die Frage auf: Was stricke ich denn am besten aus dieser, aus jener Wolle? Wie verarbeite ich bestimmte Garnqualitäten? Die Unsicherheit läßt uns dann zu den perfekten Strickmodellen schielen, die es in jedem Modegeschäft zu kaufen gibt. Und dann verläßt die meisten Strickinteressierten der Mut. Das kann ich sowieso nicht, denken sie – und all die schöne Wolle, die es zu kaufen gibt, bleibt unverstrickt. Das kenne ich aus eigener Erfahrung.

Da kam mir eine Idee: Ich habe Freundinnen, Freunde, Bekannte, Kollegen und Kolleginnen nach ihren persönlichen Strick-Rezepten gefragt – und jeder/jede hatte ein Strickgeheimnis. Und diese Geheimnisse habe ich neben vielen anderen praktischen Tips in diesem Buch für Sie zusammengestellt, damit Ihr Strickvergnügen – liebe Leserin, lieber Leser – zur reinen Freude und Erholung wird.

Viel Spaß!

Ihre

Gabriele Ling

Inhalt

Das kleine Einmaleins des Strickens

Strickschule für Anfänger

Aller Anfang ist nicht schwer

Haben Sie noch nie gestrickt? Dann aber ran an die Wolle! Lassen Sie sich nicht verunsichern von der Vielzahl der Strickmodelle, die Sie überall kaufen können. Nur Mut! Auch Sie haben Talent zum Stricken. Für den Anfang brauchen Sie nur ein bißchen Geduld. Zum Üben nehmen Sie am besten mittelstarke Wolle und zwei Stricknadeln Stärke 3.

Maschenaufnehmen

Jede Strickarbeit beginnt mit dem Maschenaufnehmen.

- Nehmen Sie immer zwei Nadeln (was anderes ist es natürlich, wenn Sie mit extrem dicken Nadeln stricken) – der Rand wird stabiler, und außerdem läßt sich die erste Maschenreihe leichter abstricken.
- Für den Maschenanschlag legen Sie den Wollfaden um den Zeigefinger der linken Hand, dann weiter um den Daumen schlingen, die beiden Wollfäden mit den anderen drei Fingern festhalten – mit zwei Nadeln von unten nach oben in die Daumenschlinge einstechen – Faden, der vom Zeigefinger kommt, von oben holen – durch die Daumenschlinge ziehen – Daumenschlinge loslassen – das kurze Wollfadenstück anziehen und damit die Masche festziehen. Fertig! Den Arbeitsvorgang solange wiederholen, bis Sie die gewünschte Maschenanzahl auf den Nadeln haben.
- Für ein Probestück sollten Sie mindestens zwanzig Maschen anschlagen.
- Zum Weiterarbeiten ziehen Sie nun eine Nadel heraus.

Das Ei des Kolumbus für Linkshänder

- Wenn Sie Linkshänder sind, können Sie trotzdem das Stricken lernen. Setzen Sie sich zusammen mit einem

Rechtshänder vor den Spiegel – Sie können dann einfach sein Spiegelbild nachahmen.

Die Maschen

Stricken ist ganz bestimmt keine Wissenschaft. Die ganze Kunst ist auf rechten und linken Maschen aufgebaut. Wenn Sie die beherrschen, dann können Sie stricken!

Rechte Maschen

- Mit der rechten Nadel von vorn nach hinten in die erste Masche auf der linken Nadel einstechen – Faden, der vom Zeigefinger kommt, von oben holen – durchziehen – Masche abheben. Fertig! Jetzt kommt die nächste Masche dran.
- Wenn Sie jede Reihe mit rechten Maschen stricken, besteht Ihre Strickarbeit aus krausen Maschen.
- Ein glattes Strickstück erhalten Sie, wenn Sie eine Reihe rechts, eine Reihe links im Wechsel stricken.

Linke Maschen

- Der Faden liegt vor der linken Nadel – mit der rechten Nadel von hinten nach vorne in die erste Masche auf der linken Nadel einstechen – Faden, der vom Zeigefinger kommt und vor der linken Nadel liegt von oben holen – durchziehen – Masche abheben. Fertig.

Nadeltrick

- Wenn Sie feststellen, daß Ihre linken Maschen lockerer werden als die rechten Maschen, dann machen Sie sich nichts draus. Das geht den meisten Strickerinnen – auch den geübten – genau so. Wenn es Sie sehr stört, dann stricken Sie die linke Maschenreihe mit einer Nadel, die eine halbe bis eine Nummer dünner ist.

Randmaschen
- Ihre Strickarbeit, die in Reihen hin- und hergearbeitet wird, hat an den Enden Maschen, man nennt sie Randmaschen, die auf besondere Weise gestrickt werden können, damit das Strickstück sich nicht zu sehr dehnt und später auch leichter zusammengenäht werden kann. Man unterscheidet den *Kettrand* und den *Knötchenrand*.

Kettrand
- Am Ende der Reihe wird der Wollfaden vor die letzte Masche auf der linken Nadel gelegt – die Masche wird wie beim Linksstricken abgehoben.
- Der Kettrand eignet sich für lange, glatte Strickstücke, wie z. B. einen Schal, oder für die neuen modischen Pullis, bei denen die Nähte nach außen gestülpt werden.
- Nachteil bei Kettrand: Wer sehr locker strickt, bei dem geraten die Randmaschen zu groß. Das sieht erstens häßlich aus und macht zweitens Schwierigkeiten beim Zusammennähen.
- Optisch schöner ist der Knötchenrand, der z. B. bei Jacken als Randabschluß sehr dekorativ ist.

Knötchenrand
- Einen Knötchenrand erhalten Sie an Ihrer Strickarbeit, wenn Sie ganz einfach die letzte Masche einer Reihe rechts abstricken, und die erste Masche der neuen Reihe ebenfalls rechts abstricken egal, in welchem Muster Sie arbeiten. Das ist meine simple Version vom Knötchenrand.
- Strickteile mit Knötchenrand lassen sich leicht zusammennähen – immer nur zwischen die Knötchen einstechen.

12

Abketten

Jedes Strickstück hat einen Anfang – das Maschenaufnehmen – jedes Strickstück hat ein Ende – das Abketten.

● Die ersten beiden Maschen rechts abstricken, mit der
linken Nadel die erste abgestrickte Masche über die
zweite Masche heben. Wieder eine Masche dazustrik-
ken, 1. Masche über die 2. Masche heben, und so fort,
bis sie nur noch eine Masche auf der Nadel haben, dann
Wolle abschneiden, Nadel rausnehmen, den kurzen
Wollfaden durch die Masche stecken, anziehen.

Schal mit Fransen

Nun wissen Sie ein bißchen was vom Stricken. Jetzt wäre es eigentlich an der Zeit für Ihr erstes Werk – einen
Schal. Lange Schals, in die man sich lässig einwickeln
kann, sind mollig warm und jeden Herbst und Winter
»in«.

● Suchen Sie sich die Wolle in der Farbe aus, die Ihnen
gefällt.

● Die Wollqualität sollte nicht zu dick sein – egal ob Sie
den Schal unifarben mögen oder bunt – lassen Sie Ihre
Phantasie ein wenig spielen.

● Die Nadelstärke ist auf der Banderole Ihres Wollknäu-
els angegeben, halten Sie sich daran.

Zwei Muster

Und nun überlegen Sie, welches Muster Sie stricken
wollen. Mit Ihren Grundkenntnissen haben Sie schon
die Qual der Wahl:

● Sie können den Schal aus lauter rechten Maschen strikken mit einem Kettrand, das ist am einfachsten und für
blutige Anfänger sicher am empfehlenswertesten.

- Wollen Sie sich selber schon ein bißchen fordern? Dann stricken Sie folgendes Rippenmuster:
1 Randmasche – zwei Maschen rechts, zwei Maschen links immer im Wechsel, bis die Reihe zu Ende ist, am Schluß wieder eine Randmasche (Kettrand!)
Nächste Reihe: hat die Hinreihe mit zwei links aufgehört, beginnen Sie nun nach der Randmasche mit zwei rechts, also so, wie die Maschen sich zeigen, dann zwei links – immer im Wechsel, bis die Reihe zu Ende ist – Randmasche.
Nächste Reihe: hat die Rückreihe mit zwei rechts aufgehört, beginnen Sie nun nach der Randmasche diese Reihe mit zwei links, dann zwei rechts, usw.

So wird's gemacht

- Egal, wieviel Maschen Sie aufnehmen, die Maschenanzahl sollte durch zwei teilbar sein.
- Achten Sie auch darauf, daß der Schal nicht zu »dünn« wird – er sollte schon 20 bis 25 cm breit sein.
- Die Länge des Schals hängt sicher von Ihrer Ausdauer ab. Je länger er ist, um so größer die Wirkung!
- Ist Ihr Werk beendet, bitte die heraushängenden Fäden vernähen. Machen Sie nicht den Fehler und knoten Sie die Wollfäden einfach zusammen – weil's weniger Arbeit macht. Knoten fallen auf, sehen nicht schön aus – und können aufgehen!
- Wichtig: Beginnen Sie mit einem neuen Wollknäuel immer zu Anfang einer Reihe, der Faden läßt sich seitlich an der Arbeit leichter vernähen.
- Was Ihren Schal noch besonders schmückt: Fransen. Lange Wollfransen machen Ihren Schal noch attrakti-

14

ver. Wickeln Sie Wolle um eine Zeitschrift. Schneiden Sie nun die Wolle oben und unten durch, nehmen Sie einzelne Fadenbündel, die Sie in der Mitte jeweils zu Fransen abbinden können. Die Fransen werden mit Hilfe einer Häkelnadel am Schalrand angebracht: Fadenbündel in der Mitte mit der Häkelnadel greifen, durch den Rand des Schals ziehen, so daß eine Schlaufe entsteht, Fadenbündel durch Schlaufe ziehen.

Patchworkpullover oder Decke

- Üben Sie die Kunst der rechten und der linken Maschen doch mal mit verschiedenfarbiger Wolle und stricken Sie einfach große Vierecke, oder auch Rechtecke. Das hat dann gleich einen Sinn – Sie können das Ganze zu einem wunderschönen Patchworkpullover oder Patchworkpollunder zusammennähen und Sie schlagen zwei Fliegen mit einer Klappe: Sie üben und daraus entsteht ein witziger, exklusiver Pulli.
- Sie können die »Übungsflecke« auch zu einer großen Wolldecke zusammennähen – so ein Stück sieht attraktiv aus und ist immer nützlich.

Was Sie sonst noch alles können müssen

Bestimmt werden Sie beim Stricken Ihres Schals manchmal laut oder leise vor sich hingeschimpft haben, bestimmt haben Sie streckenweise die Lust an der Strikkerei verloren, bestimmt ist Ihnen auch manchmal die Geduld ausgegangen – aber wenn Sie Ihr Werk zu Ende gestrickt haben, dann sind Sie ganz bestimmt sehr stolz – und begierig, etwas Neues anzufangen. Einen Pollunder vielleicht, eine ärmellose Weste – oder sogar einen Pullover.

Ehe Sie sich an weitere Werke begeben, müssen Sie sich noch mit ein paar Grundbegriffen der Strickkunst vertraut machen:

Abnehmen

- Wollen Sie mehrere Maschen abnehmen, zum Beispiel für einen Armausschnitt, dann werden die Maschen abgekettet (wie auf S. 13 beschrieben)

Einfache Abnahme

- Einzelne Maschen können Sie auf sehr einfache Weise abnehmen: Sie stricken immer zwei Maschen, egal ob rechts oder links, zusammen. Also: Randmasche stricken, 2. und 3. Masche zusammenstricken, weiter arbeiten – die letzten beiden Maschen zusammenstricken, Randmasche.
- Diese Art abzunehmen ist natürlich nicht nur für Abnahmen am Rand einer Strickarbeit geeignet, sondern auch dann, wenn Sie innerhalb eines Strickteils abnehmen wollen.

Überzogene Abnahme

- Eine andere Möglichkeit ist die »überzogene Abnahme«. Das heißt: Randmasche plus 1 Masche stricken, nächste Masche – die 3. Masche also abheben, die 4. Masche stricken, die abgehobene Masche über die gestrickte ziehen.
- Diese überzogene Abnahme können Sie selbstverständlich auch innerhalb eines Strickteils anwenden.

Zunehmen

- Wollen Sie mehrere Maschen am Anfang einer Reihe zunehmen, dann machen Sie das genauso, wie beim Maschenanschlag. Das heißt, Sie bilden eine Daumenschlinge auf der linken Hand, mit der rechten Nadel gehen Sie durch die Daumenschlinge, holen den Faden der vom Zeigefinger kommt, durch die Daumenschlinge ziehen – dabei aufpassen, daß die aufgenommenen Maschen nicht zu locker werden.

Zunehmen einzelner Maschen am Rand

- Immer zuerst die Randmasche, vielleicht sogar noch die 2. Masche stricken, dann mit der rechten Nadel in den Querfaden zwischen zwei Maschen von vorne nach hinten einstechen, den Klang auf die linke Nadel heben, rechts abstricken – dabei aber die Masche hinten anstechen.

- Eine andere Möglichkeit: Da, wo Sie zunehmen wollen, bilden Sie einen Umschlag, das heißt, den Faden einfach von hinten nach vorne um die rechte Nadel legen, weiterstricken. Den Umschlag in der folgenden Rückreihe »verschränkt« abstricken.

Verschränkte Maschen

- Und da sind wir gleich bei einem neuen Kapitel, den rechts und links verschränkten Maschen. Das hört sich komplizierter an, als es in Wirklichkeit ist.

Rechts verschränkte Maschen

- Mit der rechten Nadel die Masche auf der linken Nadel von hinten anstechen, den Faden von vorne nach hinten um die rechte Nadel schlingen und durch die Masche ziehen. Wenn Sie den Faden durch die Masche gezogen haben, dann von der linken Nadel gleiten lassen.

Bündchenstricken

- 1 Masche rechts verschränkt, 1 Masche links, 1 Masche rechts verschränkt, usw. macht das Bündchen fest, es leiert nicht aus.

Linksverschränkte Maschen

- Die gibt es selbstverständlich auch. Vergessen Sie sie aber ganz schnell. Sie sind bloß Fingerbrecher und bringen für Ihr Strickwerk gar nichts. Linke Maschen sind genauso gut!

Nützliche Tips für Anfänger

Aller Anfang ist nicht schwer – das werden Sie inzwischen ja erfahren haben. Hier noch ein paar Tricks und Kniffe, die Ihnen die Arbeit erleichtern.

So bleiben die Maschen auf der Nadel

- Wenn Sie kleine Korken und Korkscheiben auf die Spitzen stecken, wenn Ihre Arbeit ruht, können keine Maschen herunterpurzeln.
- Maschen können nicht fallen, wenn Sie die Nadeln mit einem Gummiband umwickeln. Zur Sicherheit können Sie ja noch die erste Masche drunterstecken.

Hilfe beim Zählen

- Markieren Sie die Zentimetereinteilung direkt auf der Stricknadel am besten mit rotem Nagellack. So können Sie beim Arbeiten immer abmessen.
- Sicherheitsnadeln sind eine gute Hilfe beim Maschenzählen. Wenn Sie alle zehn oder alle zwanzig Maschen eine Sicherheitsnadel in die Arbeit stecken, sind Sie vor falscher Maschenanzahl gefeit.
- Machen Sie in ein Lineal Einkerbungen – so können Sie leichter die Reihen zählen.
- Natürlich können Sie auch einen Zählrahmen zu Hilfe nehmen, den es im Wollgeschäft zu kaufen gibt.

Der Marmeladenglas-Trick

- Wenn Sie Farbwechsel mit vielen verschiedenen Farben stricken, werden Sie merken, daß sich die jeweiligen Wollknäuel und Fäden ständig total verheddern. Probieren Sie's mit dem Marmeladenglas-Trick: Stecken Sie jeden einzelnen Knäuel in ein Glas, wenn Sie eine Reihe zu Ende gestrickt haben, dann drehen Sie Ihre Arbeit so, daß Sie die Nadelspitze auf sich zudrehen – dann sind die Fäden hinten einmal gekreuzt. Ist die Reihe zu Ende, dann drehen Sie die Nadelspitze von sich weg – so entwirren die Fädchen sich von selber. Sie werden feststellen – dies ist eine enorme Arbeitserleichterung.

Der Strohhalm-Trick
Wenn Sie mehrere Wollfäden gleichzeitig verarbeiten, ziehen Sie die einzelnen Wollfäden durch einen Strohhalm – so verhindern Sie auch, daß die Farben sich verheddern.

Der Flaschen-Trick
Einen Wollbehälter können Sie ganz leicht aus Plastikliterflaschen selber machen. Den Boden vorsichtig rausschneiden, Wollknäuel hineinlegen, Faden zum Flaschenhals herausziehen. Den Boden können Sie dann mit Tesafilm wieder festkleben.

Wann und warum verlieren Stricksachen ihre Form?
- Stricksachen verziehen sich aus den verschiedensten Gründen. Nur selten liegt es an der Qualität des Garnes. Ein Formverlust entsteht meistens durch unsachgemäße Verarbeitung oder Behandlung. Es gibt gestrickte Muster, die besonders dazu neigen, ihre ursprüngliche Form zu verlieren.
- Deshalb stricken Sie nie zu lose und stimmen Sie Material und Muster aufeinander ab.

- Verarbeiten Sie besonders elastisches Garn nicht in lockeren und dehnfähigen Mustern.
- Stricken Sie Bündchen mit dünneren Nadeln als die übrigen Teile.

Richtiger Platz für Wolle
- Große Wollmengen bewahren Sie am besten in Müllbeuteln auf oder in Kunststoffhüllen, die Sie von der Reinigung bekommen.
- Ideal sind auch Flaschenkartons mit Unterteilungen, dahinein können Sie die Wolle nach Farben und Garnsorten sortieren.
- Wollreste bewahren Sie am besten in Farben sortiert in Plastiksäckchen auf. Erstens ist das übersichtlich und zweitens schützt Plastik vor Motten.

Traumhaft schön…

Materialien von A bis Z

Alles über Wolle, Garne, Fasern von A – Z

Bevor Sie sich nun mit Ihrem Wissen und Ihrer Fingerfertigkeit auf Ihr erstes gestricktes Machwerk stürzen, sollten Sie bitte unser Kapitel über verschiedene Materialien aufmerksam lesen. Sie müssen es nicht auswendig lernen, ehe Sie sich zum Wollkauf auf die Strümpfe machen. Aber da Wolle ja nun sogar schon im Tante-Emma-Laden verkauft, in Riesenknäueln in Großmärkten angeboten wird, sollten Sie schon ein wenig Bescheid wissen, was es auf dem Woll-Sektor so alles gibt. Sie werden sich wundern!

Alpaka

Alpakas sind Schafkamele (Lamas), die in Südamerika gezüchtet werden oder wild leben. Alpaka-Wolle ist fein, weich und glänzend und gehört zu den hochwertigen Naturfasern. Sie stammt aus Peru und Chile.

Besonders geeignet
- für Pullis für besondere Gelegenheiten
- elegante Pollunder über Blusen zu tragen
- edle Westen

Nicht geeignet
- für Sportpullover
- Strümpfe oder Stulpen
- Kleid, Rock, Mantel – denn Alpaka ist ein sehr teures Material

Angora

Das Angora-Kaninchen liefert uns sehr feines und leichtes – leider aber auch recht teures und empfindliches – Haar. Es wird in Europa und Ostasien gezüchtet. Von der Angora-Ziege hingegen gewinnen wir Mohair.

- für kuschlige Kinderpullis
- für zarte Babyjäckchen
- für flauschige Pullover
  zum Mischen mit anderen, glatten Wollqualitäten

Nicht geeignet
- für aufwendige Muster – am wirkungsvollsten ist Angorawolle glatt verstrickt
- für Mollige – Angorawolle trägt auf
- zum Tragen auf dunklen Sachen: Angora fuselt. Darum: dunkle Hosen und Röcke zu dunklen Pullis, weil die Fusel nicht so auffallen, und helle Sachen zu hellen Pullis.

Baumwolle

Baumwolle wird gewonnen aus den Samenhaaren der Frucht des Baumwollstrauches. Er wächst in den warmen Regionen der USA, der UdSSR, in China, Indien, Ägypten, Peru, Mexiko und Brasilien. Etwa fünf Monate benötigt das Wachstum. Baumwolle hat viele positive Eigenschaften: sie ist kochfest, führt nicht zu Allergien, kratzt nicht, ist luftdurchlässig und saugfreudig (deshalb so angenehm im Sommer). Das fertige Baumwollgarn kann einem besonderen Verfahren unterzogen werden: dem Mercerisieren. Durch Behandlung mit Natronlauge (Imprägnierung) erreicht man einen seidenartigen und waschbeständigen Glanz. Mercerisierte Baumwollgarne haben eine größere Haltbarkeit.

Besonders geeignet
- für Baby- und Kindersachen – Baumwolle ist kochfest
- für Söckchen
- für Topflappen
- für Sommerpullover

Nicht geeignet
- für Winterstricksachen – dafür ist Baumwolle nicht warm genug

Kamelhaar
Kamelhaar stammt vom arabischen oder syrischen einhöckrigen Kamel (Dromedar) und dem ostasiatischen zweihöckrigen Kamel (Trampeltier). Die Haare dieser Tiere fallen im Frühjahr aus. Für die Garngewinnung werden fast ausschließlich die unter dem Hals liegenden Haare verwendet.
- Kamelhaar gibt es kaum in Wollknäueln zu kaufen, es wäre viel zu teuer. Stricksachen aus reinem Kamelhaar kommen fertig zu uns.

Kaschmir
(auch Cashmere oder Tibetwolle genannt). Die Kaschmir-Ziege lebt in Ostindien und im nordwestlichen Teil des Himalayas in großer Höhe und extremer Kälte. Dagegen schützt sich die Ziege mit sehr feinem, dichtem Unterhaar. Das ist auch das Rohmaterial für Kaschmir-Wolle. Das Tier wird nicht geschoren. Von Hand wird beim Fellwechsel aus dem gesamten Fell das wertvolle Unterhaar ausgelesen. Pro Tier und Jahr können nur 100 Gramm Wolle gewonnen werden! Jetzt wissen Sie, warum Kaschmir so teuer ist.

Besonders geeignet
- für wertvolle, klassische Pullover

Nicht geeignet
- für alles andere, weil reines Kaschmir einfach zu teuer ist.

24

Leinen
wird aus Flachs gewonnen und entweder zu Reinleinen
oder – mit Baumwolle oder Chemiefasern vermischt –
zu sommerlichen Garnen verarbeitet.

Besonders geeignet
- für hochsommerliche Tops
- für Söckchen
- für leichte Hemdchen zum Drüberziehen

Nicht geeignet
- für Wintersachen

Merino-Wolle
ist besonders feine Wolle, die vom Merino-Schaf
stammt. Es lebt in Australien, Südafrika und Südamerika.

Besonders geeignet
- für edle Tagespullis
- für Sachen, die warmhalten sollen: wie Mützen, Schals, Handschuhe

Nicht geeignet für
- Strickmäntel
- Strickkleider

Lamm-Wolle
bedeutet, daß die Wolle von einem bis dahin noch nie
geschorenen Lamm gewonnen wurde. Die Fasern besitzen eine sehr feine Spitze, sind weich umd wärmeintensiv.

Besonders geeignet
- für wärmende Winterpullover

Nicht geeignet
- für Strickröcke, das Material ist zu fein und zu teuer.

Mohair

liefert uns die Angora- oder Mohair-Ziege. Sie lebt hauptsächlich in Texas, Südafrika, der Türkei und Afghanistan. Als *Kid-Mohair* ist das besonders feine, seidige Haar der Jungtiere bekannt. Eine Schur ist zweimal im Jahr möglich und ergibt etwa 2,2 Kilogramm Haare.

Besonders geeignet
- für Übergangspullis
- für flauschige Pollunder und Westen
- für Mützen, Schals, Handschuhe
- zum Verarbeiten mit anderen, glatten Garnen

Nicht geeignet
- für Pullover mit komplizierten Mustern
- für Strümpfe
- für Strickkleider und Strickröcke

Tips für »haarige« Wolle
- Gute Qualität für Mohair und Angora erkennt man – leider immer noch – am Preis. Gutes ist teuer. Sie können aber auch leicht feststellen, ob die teure Qualität zu Recht ihren Preis hat. Prüfen Sie, wie der Faden gedreht ist. Wenn der Faden recht locker gedreht ist, können Sie sicher sein, daß die Mohair- oder Angorawolle bald die Härchen verliert – die Schönheit des Pullis ist schnell dahin. Auf die Drehung kommt es an! Gutes und teures Härchengarn muß ganz fest gedreht sein. Achten Sie beim Kauf darauf.
- Stricken Sie Mohair oder Angora lieber zu fest als zu locker. Warum? Ist das Gestrick zu locker, verliert die

Qualität – egal ob preiswert oder teuer – ihren Effekt: sie wirkt nicht flauschig.

- Damit Ihr kostbares Stück aus Mohair oder Angora keine Haare mehr läßt, gibt es einen tollen Trick, der Ihnen sicher merkwürdig vorkommt, aber er hilft: Die Tiefkühltruhe. Das haarige Gestrick nach dem Waschen trocken in ein Kopfkissen oder eine Leinenserviette wickeln und für zwei bis drei Tage ins Gefrierfach legen. Wenn Sie es herausnehmen ist es nach einer halben Stunde aufgetaut, und Sie können es unbesorgt anziehen. Wenn Sie diese Prozedur zwei- bis dreimal wiederholen, wird das gute Stück bestimmt nie mehr Haare lassen!

Ramie

ist eine flachsähnliche Bastfaser, die aus dem Stengel der Chinagras- oder Ramiepflanze gewonnen wird. Hauptproduktionsländer sind China, Java, Sumatra. Ramiefasern besitzen eine große Festigkeit, d. h. sie reißen nicht. Sie haben Ähnlichkeit mit Leinen.

Besonders geeignet
- für hochsommerliche Oberteile
- für Bikini
- für Sommersöckchen
- für leichte Hemdchen zum Drüberziehen

Nicht geeignet
- für Winterstricksachen

Reißwolle

entsteht durch Zerreißen (im Reißwolf) von Garnresten, Fabrikationsresten der Weberei, Strickerei oder auch aus Lumpen. Die so gewonnenen Fasern können anschließend wieder zu Garnen versponnen werden. Die Qualität ist sehr unterschiedlich.

Besonders geeignet
- für einfach zu strickende Pullis

Nicht geeignet
- für Strickkleider, Strickröcke

Seide
gehört zu einem sehr altbekannten, wertvollen Naturprodukt. In China wurde Seide schon um 2.700 vor Christus verarbeitet. Aus dem Altertum sind sog. Seidenstraßen bekannt. Gewonnen wird die Seide von der Seidenraupe, die einen Proteinfaden ausstößt. Sie ist sehr reiß- und verschleißfest, elastisch, ideal für kalte und warme Temperaturen.

Besonders geeignet
- für kleine Sommer- und Winter-Pullis

Nicht geeignet
- für lange Westen und Pullover – das Material dehnt sich
- für Strickkleider, Strickröcke

Freude mit Seide
Seide ist auch so ein kostbares und diffiziles Material. Wenn Sie die Kosten für einen Pulli aus reiner Seide nicht scheuen, dann sollten Sie sich vorher einiger Mühen unterziehen – es lohnt sich! Seide dehnt sich nämlich beim Tragen.
- Die Stränge vor dem Verstricken klatschnaß machen, aufhängen, trocknen lassen und dann erst verarbeiten.
- Erst eine Maschenprobe anfertigen und anschließend waschen und daraus die Maschenanzahl für den Pulli errechnen.

- Das ist ein Trick, der überhaupt alle Pullis aus gefährlichen, leicht dehnbaren Materialien, wie reine Baumwolle, Seide, in Form hält: Stricken Sie einen ganz normalen Nähfaden mit, natürlich möglichst im gleichen Farbton Ihrer Wolle – das fällt nicht auf und Ihr Gestrick verzieht und verformt sich nicht mehr!

Shetland-Wolle
stammt von Schafen, die auf den Shetland-Inseln leben (Nähe Schottland).

Besonders geeignet
- für grobe, dicke Winterpullover
- für Pullover und Pollunder im Norwegermuster
- für wärmende Jacken

Nicht geeignet
- für Socken und Strümpfe
- für Wollschals

Schurwolle
Nach dem Textilkennzeichengesetz darf der Begriff »Schurwolle« nur verwendet werden, wenn ein Wollerzeugnis ausschließlich aus einer Faser besteht, die niemals in einem Fertigerzeugnis enthalten war und keiner faserschädigenden Behandlung oder Benutzung ausgesetzt wurde.
Die Bezeichnung »reine Schurwolle« darf wiederum nur verwendet werden, wenn das Garn frei von Reißwolle und anderen Fremdfasern ist.

Die Eigenschaften von reiner Schurwolle
- Große Elastizität = Formbeständigkeit
- Haltbarkeit – Sie können ein zartes Wollhaar 20.000

mal um 180 Grad hin- und herbiegen, bis es bricht. Diesen Vorteil merken Sie zum Beispiel an Ellbogen.

- Temperaturausgleichend: Wolle schützt durch Kräuselung des Wollhaares besonders gut vor Kälte und Wetterlaunen. Wolle kann bis zu 30% ihres Gewichtes an Feuchtigkeit aufnehmen, ohne klamm zu wirken; sie gibt Feuchtigkeit auch wieder ab.
- Wolle läßt sich leicht pflegen. Schmutz und Schweiß werden ohne Reiben herausgedrückt. Bei richtiger Behandlung läuft Wolle nicht ein.
- Wolle ist sehr farbbeständig, weil die Eigenart des Wollhaares die Farbstoffe schnell und tief eindringen läßt.

Wollpreise

Sie haben sich sicher schon häufig gefragt, woher die Preisunterschiede bei Wolle kommen. Wolle ist eben nicht gleich Wolle. Die großen Unterschiede in Qualität und Preis erklären sich unter anderem durch:

- die Schafrasse
- die Feinheit, Länge und Kräuselung des Wollhaares
- das Körperteil, von dem das Haar geschoren wurde (die besten Wollsorten wachsen an den Schulterblättern und am Oberteil der Seiten, die schlechtesten in der Schwanzgegend und an den Füßen)
- das Gebiet, in dem das Schaf lebt
- das Futter und Klima
- Witterungseinflüsse
- die Art des Spinnverfahrens, die Feinheit des einzelnen Fadens, der Zwirnvorgang, der Färbeprozeß und die Art der »Aufmachung«, also des Knäuelgewichtes

Besonders geeignet

- für alle Wintersachen, die wärmen sollen, wie Pullover, Handschuhe, Schals, Mützen

30

- für formstabile Strickkleider und Strickröcke

Nicht geeignet
- für leichte Sommerstricksachen

Warum flust oder noppt Wolle?
Sicher haben Sie schon bemerkt, daß besonders bei
wertvollen Qualitäten die Gefahr der Pilling-Bildung,
so nennt der Fachmann das, besteht. Je zarter und edler
eine Wolle ist, desto eher tritt diese Erscheinung auf.
Solche Wollen neigen besonders gern zum Flusen,
wenn sie durch Reiben und Scheuern z. B. an Tischkan-
ten oder Schulbänken, oder festeren Textilien (z. B.
Mantelfutter) aufgerauht werden. Deshalb brauchen
Sie aber nicht auf edle Wollsorten zu verzichten. Beu-
gen Sie vor:
- Stricken Sie nicht zu lose und stricken Sie keine linkssei-
tig zu tragenden Muster. Denn die linke Seite rauht
leichter auf als die glatte rechte.

Erkennungstests
- Reine Wolle erkennen Sie ganz leicht, wenn Sie ein
Stückchen Wollfaden an ein Streichholz halten.
Glimmt er nur, dann können Sie sicher sein: es ist reine
Wolle, die brennt nämlich nicht.

Superwash
ist in den letzten Jahren vielen Hausfrauen zum Begriff
geworden. Es ist den Fachleuten gelungen, die Wolle so
zu behandeln, daß sie in der Waschmaschine im Schongang bei 30 Grad waschbar ist, ohne daß die Vorteile
der Wolle eingebüßt werden.

Besonders geeignet
- für Kinderstricksachen

- für strapazierfähige Pullover, Pollunder und Strickjakken
- für Socken und Strümpfe

Nicht geeignet
- für leichte Sommerstricksachen

Schweißwolle
Mit Schweißwolle bezeichnet man Wolle, so wie sie vom Schaf geschoren wird. Also mit allen Verunreinigungen wie Kletten, Schmutz, Kot, usw.
Schweißwolle sagt man auch zu filzfrei ausgerüsteter Wolle.

Besonders geeignet
- für Arbeitssocken
- für Janker zum Wandern und Bergsteigen
- Echte Schweißwolle vom Schaf finden Sie kaum im Fachgeschäft. Wenn Sie interessiert sind, fragen Sie einen Schäfer, wo Sie diese Wolle beziehen können.

Nicht geeignet
- für alle anderen Arten von Stricksachen

Chemiefasern
Chemiefasern werden – im Gegensatz zu Naturfasern – künstlich hergestellt. Hauptsächlich unterscheiden wir zwei Arten:
1. Aus einer Düse kommt die Faser als endloses glattes Garn.
2. Durch besondere Verfahren wird die Faser aufgelokkert.
Stark aufgelockert und fixiert wird die Faser elastisch.

Eigenschaften
Alle Chemiefasern haben eins gemeinsam:

- Sie lassen sich leicht pflegen. Die meisten Garne werden waschmaschinenfest hergestellt und so konnten die Chemiefasern einen wahren Siegeszug antreten.
- Oftmals ergeben sie interessante Qualitäten in Kombination mit Naturfasern, wie z. B. mit Wolle, Mohair, Alpaka, usw.

Besonders geeignet
für alle Arten von Gestricktem, das häufig gewaschen und viel strapaziert wird.

Nicht geeignet
für Strümpfe und Socken

Der Unterschied zwischen Chemiefaser und Wolle
- Chemiefasern sind überwiegend pflegeleicht, teilweise waschmaschinenfest (Wolle nur als Superwash). Sie lassen sich im allgemeinen leichter waschen und trocknen schnell.
- Wolle wirkt temperaturregulierend, sie nimmt Schweiß auf, ist luftdurchlässig und wärmeintensiv.

Metallgarn/Lurex
Lurexfäden mit Wolle verstrickt wirkt sehr effektvoll. Wir kennen Goldfäden und Silberfäden. Lurex läuft nicht ein, ist wasch- und reinigungsbeständig.

Besonders geeignet
- für schillernde Abendjäckchen
- zum Verarbeiten mit anderen Materialien, wie Mohair, Angora

Nicht geeignet
- für ganze Pullover
- für ganze Strickkleider

33

Fachbegriffe

Bouclé-Garne

In einen sog. »Standfaden« (meist ein dünnerer, mehrfacher Grundfaden) sind ein oder zwei Schlingenfäden verzwirnt. Die Schlingen können unterschiedlich groß sein, sie liegen dicht zusammen oder in größeren Abständen. Je dichter sie zusammenliegen, desto dichter und fülliger wirkt das Gestrick. Bouclé-Garne aus Synthetics haben meist Glanz, während stärker wollhaltige Schlingengarne (wie Bouclés auch genannt werden) voluminöser sind.

Besonders geeignet
- für lange Westen und Jacken
- für strapazierfähige Strickmäntel

Nicht geeignet
- für Mollige – trägt auf
- für kurze Pullis und Pollunder

Cablé / Cablee

Wenn Sie den Faden von Cablee-Garn mit den Fingern vorsichtig aufdrehen, stellen Sie folgendes fest: Zunächst einmal wurden zwei oder mehr Spinnfäden miteinander verzwirnt (miteinander verdreht). Mehrere dieser bereits miteinander verzwirnten Fäden wurden nochmals miteinander verzwirnt. Das ist die sog. Cablee-Zwirnung. Sie gibt einer Qualität ein glattes Äußeres. Normalerweise sind Cablee-Qualitäten auch widerstandsfähiger als normal gezwirnte Qualitäten, weil bei den wiederholten Zwirnvorgängen die feinen Wollhaare enger und fester aneinandergebunden werden.

Besonders geeignet
- für sportlich, elegante Pullover und Jacken

34

- für Strickröcke
- für Strickkleider – ob mini oder kniebedeckt

Nicht geeignet
- für komplizierte Musterpullis

Chenillegarn

wird auf speziellen Chenillemaschinen hergestellt. Es setzt sich aus mehreren Fadensystemen mit plüschartiger Oberfläche zusammen (Flocken- oder Bouclé-Chenille).

Besonders geeignet
- für freche, exclusive Pullis
- für Tagesdecken über's Bett

Nicht geeignet
- für weite, lässige Pullover

Dochtgarn

ist ein mit geringen Drehungen gesponnenes grobes Fasergarn.

Besonders geeignet
- für lockere Pollunder über Blusen zu tragen

Nicht geeignet
- für sportliche Pullover und Pollunder
- für Strickjacken und Mäntel
- für Strickröcke und Kleider

Flammengarn

Ein Flammengarn erkennen wir an »Verdickungen« im Faden, die in regelmäßigen oder unregelmäßigen Abständen wiederkehren. Diese Flammen werden – oftmals in unterschiedlichen Farben – in den Grundfaden eingesponnen.

Besonders geeignet
- für glatte Muster für Pullis, Pullover und Pollunder

Nicht geeignet
- für Mollige
- für Strickröcke und Strickkleider

Homespun

heißt übersetzt: heimgesponnen. Der Faden eines solchen Garnes wird so gesponnen, daß er wie selbstgesponnen, d. h. unregelmäßig aussieht. Es gibt Noppen- oder Flammeneffekte.

Besonders geeignet
- für glatte Muster für Pullis, Pullover und Pollunder
- für große Ausschnitte

Nicht geeignet
- für Pullover mit Rollkragen
- für Mollige

Jaspé

ist ein flammig meliertes (Melange)Garn, das aus zwei verschiedenfarbigen Vorgarnfäden hergestellt wird.

Besonders geeignet
- für glattes Gestrick
- für Schlanke ein Strickrock

Nicht geeignet
- für Strickkleider und -mäntel

Melange

Dieser Ausdruck stammt aus dem Französischen und

heißt »mischen«. Eine Melange entsteht durch Mischen verschiedenfarbiger Fasern vor dem Spinnvorgang (melangieren).

Besonders geeignet
- für eine Stola
- für sommerliche Umhängetücher mit langen Fransen

Nicht geeignet
- für Strickkleider und -mäntel

Mouliné
kommt ebenso wie der Begriff »Melange« aus der französischen Sprache. Er bedeutet »zwirnen«. In diesem Fall werden zwei oder mehr verschiedenfarbige Fäden miteinander verzwirnt und ergeben so den mehrfarbigen Effekt.

Besonders geeignet
- für Strickkleider, mini oder bis zum Knie

Nicht geeignet
- für Jacken und Mäntel

Noppengarn
Im Gegensatz zum Flammengarn enthält ein Noppengarn kleine, meist bunte »Bällchen«, die beim Zwirnvorgang in den Faden »eingestreut« werden.

Besonders geeignet
- für Anfänger, weil das Material unregelmäßig ist
- für Pullover für Schlanke

Nicht geeignet
- für Mollige
- für weite, lässige Pullover im Gammellook

Ombré-Garne

sind Farbeffektgarne. Der Effekt entsteht beim Färben durch einen stufenlosen Übergang von hell nach dunkel oder umgekehrt (Schatteneffekte) innerhalb eines Fadens.

Besonders geeignet
- für elegante Strickkleider und -röcke.
- für einfach gestrickte Pullis, Pollunder und Westen

Nicht geeignet
- für sportliche Pullover
- für aufwendige Strickmuster

Tweedgarn

sind noppenartige Effektgarne

Besonders geeignet
- für glattgestrickte Mäntel
- für Schipullover

Nicht geeignet
- für Strickröcke und -kleider

Bändchengarne

Seit vor ungefähr drei Jahren die »Spighetta«, die Baumwollbändchen in Italien erfunden wurden, traten sie einen ungeahnten Siegeszug als absolut neues Strickmaterial an. (Mehr darüber in unserem Extra-Kapitel über Bändchengarne.)

Besonders geeignet
- für sommerliche Pullis im Gammellook
- für weite Pollunder

Nicht geeignet
- für Strickkleider, -röcke, -mäntel

38

Wolle mit Pfiff

Brandneu auf dem Markt, sozusagen der letzte Knüller ist Wolle, die so raffiniert ist, daß man dafür nur schwer Worte findet. Diese Wolle ist in der Struktur so beschaffen, daß sie mit dicken Nadeln glatt verstrickt (Stärke 10–12) die tollsten Muster ergibt.

Vier Wollneuheiten

Grinta – ist weiße Dochtwolle mit buntem Netz überzogen, sie wird mit Nadeln 9–10 verstrickt. Das Gestrick wirkt weiß mit einem farbigen Schleier überzogen.

Premio – heißt die Wolle mit Mohair, in die als besonderer Gag ein andersfarbiger Acrylfaden unregelmäßig mit eingearbeitet wurde. Das Gestrickte wirkt wie Mohair, in dem plötzlich immer ein paar Maschen an unwillkürlichen Stellen mit einem Faden umwickelt sind.

Prodigo – so heißt die Wolle mit Noppen, und wenn Sie die verstricken (mit Nadeln 10–12), ergeben sich automatisch in dem Gestrick kleine Schlingen.

Raffica – ist eine Wolle zum Spielen. Sie besteht aus drei Fäden, zwei glatten Bändchen und einem gezackten, die zusammengedreht sind, und streckenweise die drei Bändchen so ca. 10 cm, getrennt läßt. Beim Verstricken können Sie spielen, indem Sie jeweils den gezackten Faden nur einzeln vorne im Gestrick hängen lassen, oder alle drei – die Wirkung ist in jedem Fall einfach umwerfend.

Eine gemeinsame Eigenschaft:
Und noch ein Gag ist bei diesen neuen Qualitäten: Sie sind farblich so aufeinander abgestimmt, daß Sie jede Qualität untereinander mischen können.

Besonders geeignet
• für glattgestrickte Pullover und für lässig weite Jacken

Nicht geeignet
- für sparsame Strickerinnen – was so schön und exclusiv ist, hat auch seinen Preis.

So verwenden Sie die »Wolle mit Pfiff« sparsam
- Kaufen Sie sich normale Wolle in der passenden Farbe und arbeiten Sie mit dieser raffinierten Wolle Felder oder Streifen ein. So wird das Ganze erschwinglich.

Farbnummer und Farbpartie
- Das sind zwei wichtige Hinweise, die Sie aus der Banderole ersehen können.
- Farbpartie hängt mit dem Färben des Garns zusammen. In einem Farbkessel können zwischen 25 und 1200 Kilo Garn gleichzeitig eingefärbt werden. Das ergibt eine einheitliche Farbwirkung bei dieser Menge. Die gleiche Farbe kann im nächsten Kessel ein bißchen anders herauskommen – das heißt, es ist eine andere Farbpartie. Trotz modernster Färbetechnik ist es auch heute noch nicht möglich, bei jeder Einfärbung haargenau denselben Farbton zu erzielen. Das merkt man zwar im Knäuel kaum, aber im fertigen Gestrick wirkt es störend. Deshalb werden die Banderolen gleicher Farbpartien mit übereinstimmenden Farbpartie-Nummern bedruckt.
- Achten Sie also darauf, daß Ihr Strickstück aus Knäueln mit der gleichen Farbpartie-Nummer besteht.
- Lassen Sie sich in Ihrem Wollgeschäft lieber einen Knäuel zuviel zurücklegen!
- Sollten Sie aus irgendwelchen Gründen doch einmal mit einer anderen Farbpartie weiterarbeiten müssen, empfehle ich Ihnen, nie direkt im Anschluß an die alte Partie die neue Partie zu verstricken. Fangen Sie einen

Ärmel oder ein Rückenteil komplett mit der neuen Farbpartie an – so fallen kleine Unterschiede nicht auf.

Lauflänge

besagt die Länge eines 100 g-schweren Fadens. Beispielsweise heißt »Lauflänge 300 m«, daß ein Faden von 100 Gramm 300 Meter lang ist. Die Lauflänge hängt mit der Stärke und dem Volumen des Garns zusammen. Dicke Garne haben auf 100 Gramm z. B. nur 100 Meter oder 150 Meter Lauflänge, während dünne Garne z. B. 500 Meter Lauflänge haben. Die Lauflänge ist wichtig für die Überlegung, wieviel Garn für ein Modell benötigt wird.

- Je dicker der Faden, je schneller geht die Arbeit, desto mehr Garn benötigen Sie auch.

Rund um die Stricknadel

Unsere Urahnen haben mit Nadeln aus Elfenbein oder Knochen gestrickt, auch Bronzedraht wurde zu Stricknadeln zurechtgebogen. Sie haben es heute leichter. Die Industrie bietet Ihnen heutzutage eine reichliche Auswahl an Stricknadeln an – sie sind aus Kunststoff, Leichtmetall oder Stahl hergestellt – es gibt sie sogar wieder aus Holz. Aber die sind nur schön zum Anschauen, zum Arbeiten sind sie eher unpraktisch, weil die Wolle schlecht rutscht.

- Merken Sie sich die goldene Regel: Richtiges Werkzeug – halbe Arbeit.

Alle Stricknadeln auf einen Blick

- Dicke, gerade Nadeln aus Kunststoff nehmen Sie für dicke Wolle. Sie sind besonders geeignet für ein Strickstück, das nicht allzu breit ist.

- Für nerven- und rheuma-empfindliche Hände gibt es Stricknadeln mit einer isolierten perlgrauen Oberfläche. Diese Schicht hat noch einen weiteren Vorteil: sie läßt störende Lichtreflexe durch Sonne oder Lampen nicht aufkommen.
- Haben Sie viele Maschen auf einer Nadel, dann nehmen Sie Stricknadeln mit einer Strickspitze aus Metall, die in ein Perlonseil übergeht. Am Ende ist sie mit einem beweglichen Kunststoffknopf versehen. Warum? Die Maschen gleiten auf das Perlonseil, das Gewicht der Strickarbeit ruht in Ihrem Schoß, die Hände aber sind entlastet.
- Bei den sogenannten Schnellstricknadeln wird der Schaft hinter der Nadelspitze dünner – die Maschen können so von selbst weitergleiten, Sie müssen sie nicht mit den Fingern nachschieben. Sie können also schneller arbeiten, daher der Name »Schnellstricknadel«.
- Eine Rundstricknadel können Sie bei vielen Gelegenheiten verwenden, z. B. für Rollkragen, Ärmel, ja, sogar einen Pulli können Sie damit stricken. Es gibt sie mit Metallspitzen oder auch aus Leichtmetall mit perlgrauer Oberfläche. Zwei Spitzen sind immer verbunden mit einem Perlonseil, das – und darauf sollten Sie beim Kauf achten – verschieden lang ist. Für Ärmel, Halsausschnitte, Rollkragen sollte Ihre Rundstricknadel nicht »zu lang« sein – sonst ist Ihnen die Perlonschnur ständig im Weg.
- Ein Nadelspiel brauchen Sie zum Strümpfestricken und für Handschuhe. Fünf Stricknadeln bilden ein sogenanntes Spiel. Sie sind an beiden Enden spitz, werden aus Kunststoff, Leichtmetall oder Aluminium hergestellt und sind in verschiedenen Stärken zu haben.
- Die Nadelstärke finden Sie auf der Banderole angegeben.

42

- Die Nadellänge hängt von Ihrer Maschenzahl ab.
  Eine Regel: Die Strickarbeit sollte immer 10–15 cm breiter sein als die Stricknadel.

Aufbewahren von Stricknadeln
- Sie können sich für Ihre Stricknadeln ein extra dafür bestimmtes langes Holzkästchen kaufen.
- Preiswerter sind leere Schachteln von Alufolie oder Klarsichthüllen.
- Als Zimmerschmuck dienen lange Stricknadeln mit der Spitze nach unten gesteckt in einer schönen Vase.

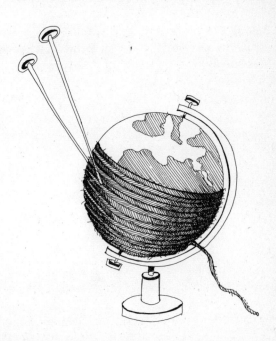

Hilfsgeräte

Außer Stricknadeln gibt es natürlich noch eine Menge anderer Hilfsgeräte:

- Maschenraffer: Er sieht aus wie eine übergroße Sicherheitsnadel und wird verwendet, wenn offene Maschen eines Strickteils zeitweise stillgelegt werden sollen.
- Zopfmusternadeln: Eine wichtige Hilfe für Zopfmuster. Darauf werden die zu verkreuzenden Maschen vor oder hinter die Arbeit gelegt.
- Strickfingerhut: Eine große Erleichterung, wenn Sie ein Muster mit zwei Fäden stricken. Jeweils eine Wolle läuft durch eine Öse, Sie können im Wechsel mit dem einen oder anderen Wollfaden stricken, ohne daß Sie absetzen müssen.
- Reihenzähler: Er wird auf die Stricknadel aufgesteckt. Wenn Sie wissen wollen, wieviel Reihen Sie stricken, drehen Sie den Knopf, auf dem Ziffern von 1–20 stehen, um eine Zahl pro Reihe weiter.
- Zählrahmen für die Maschenprobe gibt's im Wollgeschäft.
- Sie können Ihre Maschenprobe aber auch mittels eines Lineals auszählen.

Ersatz-Teile

- Haben Sie keine Hilfsnadel für Zopfmuster z. B. zur Hand? Nehmen Sie eine Haarklemme oder eine Haarnadel.
- Maschenhalter aus Plastik können Sie durch eine fest gedrehte Schnur ersetzen – die Maschen lassen sich ganz leicht darauf auffädeln.
- Oder nehmen Sie einfache Haarspangen als Maschenhalter.
- Oder eine große Sicherheitsnadel. Damit die Maschen

44

sich nicht im Federring einklemmen können, stecken Sie erst zum Schutz einen Knopf drauf.

- Ein Metallring vom Duschvorhang ist ein perfekter Maschenhalter.
- Merkhilfe für komplizierte Muster: Schneiden Sie schmale Ringe von Plastikhalmen ab – Sie können diese Ringe als Merkhilfe auf die Stricknadel auffädeln – der Durchmesser der Halme reicht bis Nadelstärke 5.

Teufel, Teufel,
dieser Pullover ist eine Zier…

*Die besten Tips
rund um den Pullover*

Die sieben goldenen Regeln für den ersten Pullover

- Stricken Sie Ihren ersten Pulli bloß nicht mit dünner, einfarbiger Wolle und dünnen Stricknadeln. Warum? Sie verzweifeln daran. Das Strickstück wächst nicht, wirkt unregelmäßig – Sie machen sich viel Mühe und werden hinterher nicht viel Freude damit haben. Für den Anfang ist besser, mehrere Farben in Streifen zu stricken. Das bringt Abwechslung bei der Arbeit, Unregelmäßigkeiten fallen nicht auf.

- Sparen Sie nicht an der Wollqualität. Wolle wird im Supermarkt, im Kramladen, im Großmarkt oft zu Spottpreisen angeboten. Vorsicht! Chemiefaser leiert häufig aus, reine Synthetik ist unangenehm auf der Haut, man schwitzt. Diese Billig-Angebote eignen sich sicher für viele Dinge. Wenn Sie sich aber die Mühe machen wollen, einen besonderen Pulli für sich oder den Partner zu stricken, achten Sie auf Qualität. Auch wenn Ihr Strickstück ein bißchen teurer kommt – es lohnt sich!

- Genoppte Wolle, melierte oder unregelmäßig gesponnene, eignet sich für Anfänger und Ungeübte besonders, weil Unregelmäßigkeiten in der Strickarbeit bei diesen Materialien nicht auffallen.

- Schwachpunkte bei Anfängern und nicht so geübten Strickerinnen sind häufig die linken Maschen. Vielen gelingt es nicht, sie ebenso fest zu stricken, wie die rechten Maschen. Ein Tip: Stricken Sie die Reihe der linken Maschen mit einer Nadel ab, die eine Nummer dünner ist. Benutzen Sie zum Beispiel für die rechten Maschen Nadelstärke 4, und für die linken Maschen Nadelstärke 3. So ergibt sich ein regelmäßiges Maschenbild.

- Stricken Sie Ihr Bündchen zwei rechts, zwei links, immer mit einer dünneren Nadel als das Strickstück – die Bündchen an Taille und Ärmel leiern dann nicht so schnell aus, werden elastischer.

- Nehmen Sie auf jeden Fall die Stricknadelstärke, die auf der Banderole angegeben ist. Die empfohlene Stricknadelstärke ist fast immer richtig bemessen. Stricken Sie sehr locker, dann nehmen Sie eine halbe Nadelstärke weniger als angegeben.
- Achtung! Lassen Sie sich nicht verleiten, mit zu dicken Nadeln zu stricken. Das geht zwar schnell und sieht auch ganz wirkungsvoll aus. Nur: Ihr Strickstück wird beim Tragen lang und länger, es leiert aus. Und wenn der Pulli dann zum Minikleid geworden ist, ärgern Sie sich nur – wo Sie sich doch so viel Mühe gemacht haben.

Auf den Schnitt kommt es an
Nichts ist deprimierender, als am Ende der Strickarbeit feststellen zu müssen, daß das gute Stück zu weit ist, oder zu eng. Wichtigste Voraussetzung ist also: Die Größe muß stimmen!
- Nehmen Sie als Vorlage einen Pullover, der Ihnen gut paßt.
- Sie können sich aber auch selbst einen Schnitt für Ihren Pullover zeichnen, das ist ganz einfach.

Richtig messen
- Immer an der breitesten Stelle des Körpers messen. Ist die Hüfte breiter als die Oberweite, dann gilt für die Gesamtweite das Hüftmaß. Schulterbreite und Armlänge nicht vergessen.

So entsteht ein Schnitt
- Nehmen Sie einen entsprechend großen Bogen Packpapier, falten Sie ihn in der Mitte zusammen, (das ist der Bruch), tragen Sie auf dem Papier die halbe Weite des Vorderteils ein (der Schnitt wird nachher auseinandergefaltet, dann haben Sie die Gesamtweite Ihres Vorder-

48

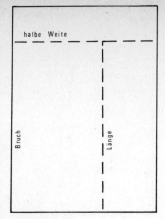

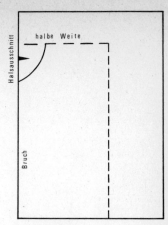

Abbildung 1　　　　　　　　　　*Abbildung 2*

teils) und markieren Sie die gewünschte Länge.
(Abb. 1)

● Messen Sie, wie breit der Halsausschnitt sein soll und
tragen Sie die halbe Breite auf Ihrem Papierschnitt ein,
messen Sie die Ausschnitt-Tiefe und tragen Sie die Zentimeter ebenfalls auf dem Schnitt ein. Die beiden Punk-
te mit einer gewölbten Linie verbinden. (Abb. 2)
Messen Sie die Schulterbreite. Aufpassen: zu schmale
Schultern schauen häßlich aus! und tragen Sie dieses
Maß – leicht schräg auf dem Schnitt auf. (Abb. 3)

● Messen Sie vom unteren Rand, an welchem Punkt das
Armloch beginnen soll und markieren Sie diesen Punkt
an der Längs-Linie. Verbinden Sie nun den Armaus-
schnitt-Punkt mit dem Schulterende – das ergibt die gewünschte Weite für Ihr Armloch. (Abb. 4)

● Zum Schluß überlegen Sie noch, ob Ihr Pulli gerade
verlaufen oder nach unten enger werden soll. Tragen
Sie diese Maße auf dem Schnitt ein. (Abb. 5)

49

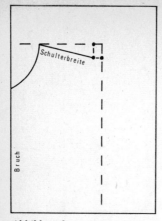

Abbildung 3

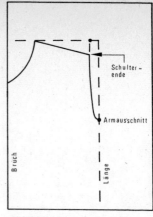

Abbildung 4

- Jetzt können Sie Ihren Schnitt ausschneiden – auseinanderfalten – fertig ist die Strickvorlage.

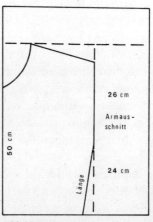

Abbildung 5

50

Schnitt für einen Pulli mit geradem Armausschnitt

Groß in Mode sind Pullis ohne Armausschnitt – Sie brauchen also nur das Vorder- und Rückenteil gerade hochzustricken – das vereinfacht die Sache. So ein gerader Armausschnitt ist aber nur dann schön anzuschauen, wenn der Ärmel genügend Weite hat – das ist ganz wichtig. Denn stricken Sie an so einen gerade verlaufenden Armausschnitt eng anliegende Ärmel, dann zieht der Pulli unter dem Arm – das sieht häßlich aus, und Sie werden beim Anprobieren ziemlich enttäuscht sein.

Alles liegt bereit

Ihr Schnitt ist fertig. Sie haben sich genau aufgezeichnet und ausgeschnitten, wie Ihr Pulli ausschauen soll. Das Prachtexemplar existiert auf dem Papier. Gut. Sie haben sich die Wolle ausgesucht, die Stricknadeln liegen parat – ehe Sie loslegen, wird Ihre Geduld noch ein wenig strapaziert. Sie müssen erst mal eine Maschenprobe anfertigen.

Die Maschenprobe

- Stricken Sie mit der ausgewählten Wolle in dem Muster, das Sie arbeiten wollen, ein Probestück, das ungefähr 15 cm breit und genauso hoch sein sollte.
- Zählen Sie mit Hilfe eines Lineals aus, wie viele Maschen, bzw. Reihen 10 cm ergeben.
- Achten Sie bitte unbedingt darauf, daß Ihre Strickprobe glatt aufliegt und nicht verzogen wird.
- Zählen Sie die Maschen in der Mitte Ihrer Maschenprobe aus – das ist am zuverlässigsten – zu den Rändern hin kann sich das Ergebnis verschieben. Denn eine kleine

Ungenauigkeit beim Auszählen kann Schuld daran sein, daß Ihr Strickstück schlecht sitzt.

- Ein Beispiel für die Berechnung der Maschen: 22 Maschen ergeben 10 cm Breite. Auf 1 cm kommt der 10. Teil, also 2,2 Maschen. Die Breite Ihres Strickstücks soll 40 cm betragen. Sie rechnen also 40x2,2 Maschen = 88 Maschen. Sollte sich bei Ihrer Berechnung mal keine gerade Maschenzahl ergeben, so runden Sie die Stelle hinter dem Komma auf oder ab.

- Ebenso können Sie die Reihen errechnen. Beispiel: 30 Reihen ergeben 10 cm Höhe, also ergibt 1 cm drei Reihen. Wenn die Höhe Ihres Strickstücks 55 cm ist, müssen Sie 55x3 Reihen = 165 Reihen arbeiten.

Strickrechner

- Zur Erleichterung beim Ausrechnen gibt es im Wollgeschäft auch Strickrechner. Bei diesem Hilfsgerät stellen Sie die Maschenprobe ein. Sie können sofort ablesen, wie viele Reihen und Maschen Sie für die Höhe und Breite benötigen. Schon mancher Pullover ist durch »magere« Ärmel verhunzt worden.

- Nähen Sie Vorder- und Rückenteil Ihrer Arbeit zusammen – und stricken Sie den Ärmel mit einer Rundnadel gleich dran. Das erspart Ärger mit zu engen oder zu weit geratenen Ärmeln.

- Beginnen Sie mit dem Maschenaufnehmen an der Seitennaht.

- Nehmen Sie nicht die Randmaschen auf – kaum jemand strickt sie so regelmäßig, daß es schön aussieht, wenn man so den Ärmel dranstrickt – nehmen Sie die jeweilige Masche vor der Randmasche auf die Rundstricknadel.

- Aufpassen, daß Sie vom Vorder- und vom Rückenteil gleichviel Maschen aufnehmen.

- Sie haben nun die Wahl: Sie können den Ärmel offen lassen, das heißt, Sie stricken auf der Rundnadel vor und zurück – und verschließen den Ärmel dann mit einer Naht.
- Sie sparen sich die Naht und stricken mit der Rundnadel den Ärmel ohne Naht.

Fünf Variationen für hübsche Ärmel

Den *geraden Ärmel* können Sie in jeder beliebigen Länge stricken, bis zum Ellbogen, halblang oder bis zum Handgelenk, Sie können ihn umschlagen, oder das Ende von selbst hochrollen lassen – wenn Sie den Ärmel glatt rechts stricken. (Abb. 1)

Den Puffärmel stricken Sie ganz gerade bis zur gewünschten Länge, dann abnehmen, das heißt: jede zweite oder dritte Masche zusammenstricken (das hängt von der Weite des Ärmels ab) und ein beliebig breites Bündchen dranstricken (Abb. 2)

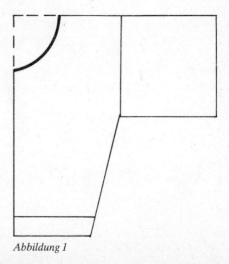

Abbildung 1

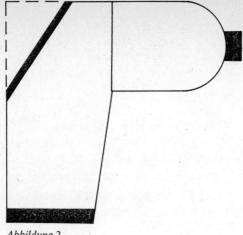

Abbildung 2

Noch einfacher zu arbeiten ist dieser *Puffärmel:* gerade bis zur gewünschten Länge stricken, Rand ca. 1 cm um-nähen, schmales Gummiband einziehen. (Abb. 3)

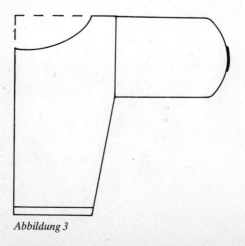

Abbildung 3

Bei dieser *schrägen Ärmelform* müssen Sie schon ein bißchen zählen.

- Machen Sie sich unbedingt einen Papierschnitt von der Ärmelhälfte – also Armlänge aufzeichnen, halbe Größe des Armausschnittes, halbe Bündchenbreite – die Schräge zwischen Bündchen und Armloch bestimmen Sie selbst.

- Den Schnitt ausschneiden, das Strickzeug immer wieder drauflegen und vergleichen – so erkennen Sie, wann Sie jeweils eine Masche rechts und links am Rand abnehmen müssen, um die gewünschte Schräge zu erreichen.

- Notieren Sie sich auf dem Schnitt, in welcher Reihe Sie jeweils eine Masche abgenommen haben – das erleichtert die Arbeit für den zweiten Ärmel – und: Sie können den Ärmelschnitt jederzeit wieder nachstricken. (Abb. 4)

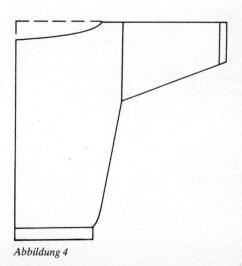

Abbildung 4

Bei diesem *Puffärmel* ist die Weite an den Schultern. Diese Partie darf deshalb nicht zu weit überhängen. Die Weite für den Puffärmel erhalten Sie, wenn in der oberen Schulterhälfte in jede Masche zwei, oder sogar drei Maschen stricken. (Abb. 5)

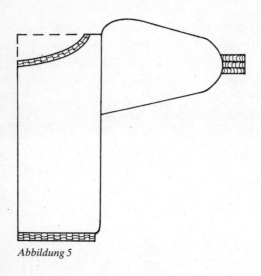

Abbildung 5

Alles über Halsausschnitte
Wie Ihr Pulli obenherum aussehen soll, dafür gibt es viele hübsche Möglichkeiten.

• Einfach zu stricken, aber sehr hübsch sieht es aus, wenn Vorder- und Rückenteil des Pullis ganz gerade verlaufen, die Teile dann aufeinanderlegen, den Ausschnitt für den Hals lassen Sie so breit, wie Sie wollen, die übrige Weite nähen Sie für die Schulternähte zusammen. Sie können den Halsausschnitt noch umhäkeln, wenn es Ihnen gefällt.

• Bei kraus rechts gestrickten Teilen wird der Rand nur

56

abgekettet und rollt sich dann ganz von allein nach außen.

- Stricken Sie als Hals- und Schulterabschluß ein drei Zentimeter langes oder noch längeres Bündchen im Muster zwei rechts, zwei links so, wie Sie auch das Taillenbündchen gestrickt haben.
- Achtung: Nehmen Sie für den Abschluß am Hals Stricknadeln eine Nummer stärker. Warum? Im Gegensatz zum Taillenbündchen soll sich der Bund am Hals ja nicht zusammenziehen. Passen Sie auf, daß Sie ganz, ganz locker abketten.
- Dieser Bündchenausschnitt sieht toll aus, wenn Sie ihn möglichst breit lassen, das bedeutet: Nähen Sie für die Schulternähte nur ein paar Zentimeter zusammen.

Der Rundausschnitt
- Die genaue Größe Ihres Rundausschnittes haben Sie ja auf Ihrem Papierschnitt gekennzeichnet.
- Am Beginn des Halsausschnittes in der Mitte einige Maschen abketten, die Arbeit teilen und nach der Form des Schnitts weiter abnehmen – dabei jede Seite getrennt stricken.
- Diesen Rundausschnitt können Sie nun nach dem Zusammennähen (das wird noch ausführlich erläutert) mit ein paar Tricks noch verschönern.

Umhäkelter Rundausschnitt
- Umhäkeln Sie den Ausschnitt mit einfachen Luftmaschen oder umhäkeln Sie ihn mit zwei, drei Reihen Stäbchen. Der Vorteil: es geht schnell.

Rundausschnitt mit Blende
- Stricken Sie eine Blende an den Halsausschnitt. Vorteil: sieht perfekter aus, ist aber mehr Arbeit.

- Schließen Sie nur eine Schulternaht – die andere bleibt offen – so können Sie leichter die Maschen auf die Rundnadel aufnehmen. Beginnen Sie mit der Maschenaufnahme an Ihrer offenen Naht am Rückenteil.
- Sie müssen achtgeben, daß Sie nicht zu wenig Maschen aufnehmen – sonst zieht es Ihren Halsausschnitt unschön zusammen.
- Leichter geht es, wenn Sie nicht in die abgeketteten Maschen einstechen, sondern in die Masche davor – und es sieht zudem auch noch schöner aus.
- Geben Sie sich bitte Mühe, daß Ihr Halsausschnitt ordentlich sitzt – wenn Sie hier pfuschen oder schlampig arbeiten, werden Sie sich jedesmal, wenn Sie Ihr Schmuckstück anziehen, furchtbar ärgern.
- Haben Sie alle Maschen aufgenommen, dann stricken Sie die erste Reihe verschränkt ab – das ist stabiler.
- Eine andere Möglichkeit, die hübsch aussieht: Stricken Sie die erste Reihe links ab – ein elastisches Bündchen entsteht, wenn Sie eine Masche rechts, eine links im Wechsel stricken.
- So wird übrigens auch ein Rollkragen gearbeitet.

Die glatte Blende:
- Stricken Sie ungefähr sechs bis acht Reihen glatt, dann eine linke Reihe, weiter geht es wieder glatt. Durch die linke Reihe kippt die Blende nach innen – festnähen. Die Blende wird dadurch doppelt und stabiler.

Mäusezähnchen
Sie eignen sich auch noch hervorragend für Blenden am Halsausschnitt.
- Stricken Sie beliebig sechs bis acht Reihen glatt hoch – dann eine Lochreihe, die auf der rechten Seite gestrickt wird. Stricken Sie zwei Maschen rechts zusammen,

dann den Arbeitsfaden von vorn nach hinten über die rechte Nadel legen, das nennt man einen Umschlag, der für die zusammengestrickte Masche entsteht – Sie brauchen ja immer dieselbe Maschenzahl – danach wieder zwei Maschen rechts zusammenstricken. Dann wieder einen Umschlag – und so weiter. Diesen Vorgang wiederholen Sie, bis die Reihe zu Ende ist.

- Sollen die Löcher nicht so dicht aneinanderstehen, dann können Sie mehrere rechte Maschen Zwischenraum stricken, bevor Sie wieder einen Umschlag machen. Nun stricken Sie weiter eine Reihe links, auch mit Umschlägen an denselben Stellen – und weiter wieder glatt, sechs bis acht Reihen. Ihre Blende wird nun an der Lochreihe nach innen gekippt und festgenäht – so ergibt sich der Zackenrand, die sogenannten Mäusezähnchen.

Der V-Ausschnitt

- Für die Vorderteile haben Sie die Arbeit ja am Beginn des V-Ausschnittes getrennt (günstig ist es, wenn sich die Maschenanzahl durch zwei teilen läßt) und die beiden Teile separat gestrickt.
- Nehmen Sie zwei Knäuel Wolle und arbeiten Sie die Teile zwar einzeln, aber gleichzeitig fertig. Das erspart mühsames Zählen und Messen und vielleicht eine böse Überraschung, weil die beiden Teile nicht gleich lang geworden sind.
- Besser ist es, wenn Sie die Maschen des Rückenteils nicht abketten, sondern sie gleich mit auf die Rundnadel nehmen, auf die Sie nun auch die Maschen der schrägen Vorderteile aufnehmen.
- Stricken Sie die erste Reihe für die Blende des V-Ausschnitts auf der Rundnadel links ab – das gibt einen

schöneren Übergang, dann stricken Sie 1 rechts, 1 links im Wechsel weiter.

- Wichtig ist, daß die Eckspitze des V-Ausschnittes schön gearbeitet wird. Die Masche in der Mitte des V-Ausschnittes ist die Eckmasche.

- Eine schöne Spitze bekommen Sie so: die zweite Masche vor der Eckmasche abheben, die folgende Masche rechts stricken, die abgehobene Masche drüberziehen, die Eckmasche rechts abstricken, die beiden folgenden Maschen rechts zusammenstricken. In der nächsten Reihe wiederholt sich das Ganze folgendermaßen: die zweite Masche vor der Eckmasche abheben, die nächste Masche rechts stricken, die abgehobene Masche überziehen, die Eckmasche links stricken, die nächsten zwei Maschen rechts zusammenstricken. Hat die Blende die Breite, die Sie sich vorstellen, dann die verbleibenden Maschen abketten.

Mut zur eigenen Phantasie

- Auch bei den Halsausschnitten zählt nur eins: Haben Sie Mut zur eigenen Phantasie. Ärgern Sie sich nicht, wenn Ihr Halsausschnitt zu groß, zu weit, zu tief geworden ist. Machen Sie was draus.

- Einen zu tiefen V-Ausschnitt können Sie mit großen Stäbchen in beliebiger Höhe »zuhäkeln« – sogar in einem anderen Farbton, als der Pulli ist. Das sieht nicht wie eine Notlösung aus – man könnte glauben, Sie hätten's so gewollt.

- Ihr Halsausschnitt ist zu weit? Stricken Sie einen kleinen Stehkragen dran – Sie werden staunen, wie hübsch das aussieht.

- Der Halsausschnitt ist für einen Rollkragen zu eng geraten. Stricken Sie einen hohen Rollkragen und lassen Sie ihn an einer Seite offen – ein verblüffender Effekt.

Die einzelnen Pulloverteile werden zusammengefügt
- Machen Sie kurz vor dem Ziel jetzt bitte nicht einen groben Fehler: Nähen Sie die Teile nicht einfach schnell zusammen, bloß um zu sehen, wie gelungen Ihre Arbeit angezogen aussieht. Lassen Sie sich Zeit mit der Endarbeit.

Erst bügeln oder dämpfen
- Legen Sie die fertigen Teile mit der rechten Seite nach unten auf den Schnitt und stecken Sie die genaue Größe mit Stecknadeln z. B. auf dem Bügelbrett fest. Bündchen im Rippenmuster lassen Sie lose, um sie nicht auszudehnen. Und jetzt schauen Sie auf die Banderole. Bitte dämpfen Sie nur, wenn für das verarbeitete Material kein Bügelverbot besteht und halten Sie sich genau an die vorgeschriebenen Einstellungen. Zuviel Hitze kann Ihren wertvollen Pullover aus reiner Wolle verfilzen.
- Das Bügeleisen bitte nie mit Druck aufsetzen, sondern immer nur leicht über das feuchte Tuch führen. Das ist ganz wichtig bei plastischen Mustern, wie z. B. Zöpfen, da sie sonst platt gedrückt werden. Also: Das Bügeleisen nur so über das Tuch halten, daß lediglich der Dampf auf das Gestrick einwirkt.

Was tun, wenn nicht gebügelt werden darf?
Bei vielen Synthetikgarnen besteht Bügelverbot – Sie können Ihre Strickteile trotzdem glätten.
- Spannen Sie die Teile nach Größe und Schnitt mit Stecknadeln auf dem Bügelbrett und dann mit einem feuchten – nicht nassen! – Bügeltuch bedecken und darüber aufgeschnittene Plastiktüten (wenn Sie haben, auch eine Plastikfolie) legen.
- Auf diesen wasserdichten Plastikschutz können Sie

dann Bücher oder andere gewichtige Gegenstände dicht nebeneinander legen und damit Ihre Strickteile »unter Druck« setzen. Lassen Sie alles so liegen, bis das feuchte Tuch getrocknet ist. Lassen Sie die gepreßten Teile liegen, bis keine Feuchtigkeit mehr drin ist.

Das Zusammennähen

Vier Möglichkeiten:

- Legen Sie die Strickteile Kante an Kante – die rechte Seite nach oben. Am einfachsten geht es, wenn Sie die Teile aneinander häkeln. Das geht schnell und hat noch einen Vorteil: wenn's nicht stimmt, können Sie die Naht leicht wieder auftrennen.
- Fast unsichtbar fügen sich die Teile aneinander, wenn Sie beginnend – beim Bündchen, sofern Sie eins gestrickt haben – einmal neben der Knötchenmasche des vorderen und einmal des hinteren Teils einstechen und immer in die Ausstichstelle des letzten Stiches wieder einstechen.
- Legen Sie die Teile rechts auf rechts aneinander und nähen Sie knapp am Rand mit engen Steppstichen eine Naht. Dazu benutzen Sie natürlich immer einen Wollfaden aus Ihrem Gestrickten.
- Ein ganz besonderer Gag: Legen Sie die Teile Ihres Pullis links auf links zusammen und machen Sie eine Außennaht – nähen Sie die Teile rechts zusammen – mit engen Steppstichen – das ist modisch und witzig. Und erlaubt ist, was gefällt.

Hilfe beim Zusammennähen

- Stecknadeln verschwinden oft im Gestrick, besonders dann, wenn die Wolle dick ist. Nehmen Sie stattdessen

62

doch mal Haarklips – die sind länger und stärker und besser greifbar als die Stecknadeln.

Der Pullover ist zu kurz, zu lang – zu weit, zu eng
Wenn es Ihnen passiert, daß der Pulli, die Jacke in Ihrer Phantasie ganz anders ausgesehen haben, als das gute Stück, das in natura vor Ihnen liegt, ärgern Sie sich nicht. Mit ein bißchen Phantasie können Sie aus einem kleinen Mißgeschick ein Strickwerk mit Pfiff machen.

- Ist Ihnen der Ärmel zu eng geraten? Trennen Sie das Ganze nicht wieder auf. Stricken Sie einen Keil – ruhig in einer anderen Farbe – und setzen Sie ihn ein.
- Ist die Jacke oder der Pulli zu weit geworden? Ärgern Sie sich nicht. Breite, nach außen gekippte Abnäher an Ärmeln oder am Rücken sehen witzig aus und machen das weite Stück enger.
- Wenn Sie während der Handarbeit schon bemerkt haben, daß der Pulli zu breit wird, stricken Sie das Rückenteil fertig und machen Sie das Vorderteil entsprechend schmäler.
- Der Pulli ist nun doch zu eng! Na und? Soll's nur ein paar Zentimeter weiter sein, häkeln Sie zwei, drei Reihen Stäbchen an die Seitenteile und häkeln das Ganze wieder zusammen.
- Soll's noch weiter werden, stricken Sie einen breiten Streifen – auch in einer anderen Farbe – und setzen ihn ein.
- Die Ärmel sind zu lang! Macht nichts. Die dürfen Sie ruhig umkrempeln, das sieht lässig aus, besonders dann, wenn Sie drunter eine Bluse tragen, bei der die Manschetten vorgucken.
- Der Pulli ist nun doch zu lang geworden für Ihren Geschmack! Probieren Sie es mal mit einem Gürtel um die Taille – Sie können auch einen Gürtel aus Wollfäden

anfertigen, einfach einen Zopf aus buntem Garn flechten.

- Der superdicke Pullover ist nun doch zu warm für alle
Gelegenheiten. Trennen Sie die Ärmel raus und tragen
Sie ihn als Pollunder.

Zöpfe, Streifen, Karos...

*Die besten Strickmuster für
Mollige und Schlanke,
Große und Kleine*

Die vielen Strickmuster

Es gibt eine verwirrende Vielfalt von Strickmustern –
bestimmt weit über einhundert. Zugegeben: sie sind
toll anzuschauen, aber teilweise so kompliziert, daß der
Aufwand sich nicht lohnt – das wage ich zu behaupten,
selbst auf die Gefahr hin, daß passionierte Strickerinnen protestieren.

- Arbeiten Sie lieber mit verschiedenen Materialien,
  kombinieren Sie Farben – das ergibt einen größeren Effekt als komplizierte Muster.
- Selbstverständlich gibt es Muster, die Sie einfach kennen und können sollten, und die will ich Ihnen nicht
  vorenthalten.

Vom Bündchen- bis zum Zopfmuster

Das Bündchenmuster
- 1 Masche rechts – 1 Masche links immer wiederholen,
  die Reihe mit einer Masche rechts beenden. Die 2. Reihe und alle weiteren Reihen wie folgt abstricken: Die
  Maschen immer so stricken, wie sie erscheinen, das
  heißt, die rechten Maschen immer rechts und die linken
  Maschen immer links stricken.
- Dieses Muster eignet sich wirklich nur für Bündchen
  und lange Wollschals. Für Pullis wird es zu schlauchar-
  tig, liegt zu sehr an – und ist deshalb für keine Figur
  schön.

Perlmuster
- Sie stricken 1 Masche rechts, 1 Masche links und in den
  darauffolgenden Reihen stricken Sie dann die rechts er-
  scheinenden Maschen links und die links erscheinenden
  Maschen rechts ab.
- Perlmuster ist toll für unifarbene, dicke Wolle.

- Vorsicht: Sind Sie etwas mollig, ist dicke Wolle für Sie sowieso nicht das Richtige.
- Faustregel beim Stricken: Je dünner die Wolle, um so schöner wird das Gestrick!

Zwei rechts, zwei links
Das ist ja eins der bekanntesten Muster.
- Stricken Sie fortlaufend zwei rechts, zwei links und beenden Sie die Reihe mit 2 Maschen rechts. Die Rückreihe und alle folgenden Reihen die Maschen immer so abstricken, wie sie erscheinen, das heißt, die rechten Maschen immer rechts und die linken Maschen immer links.
- Nicht geeignet ist dieses Muster für ganze Pullover, weil es zu sehr aufträgt – egal, wie Ihre Figur ist.
- Verwenden Sie es für Bündchen, Schals, Mützen – oder einfach als wirkungsvolle Abwechslung für ein paar Reihen zwischendurch in einem glatten Gestrick.

Das große Perlmuster
- Wenn Sie das Ganze mit zwei Maschen rechts und zwei Maschen links versetzt stricken, dann erhalten Sie das *große Perlmuster*.
- Es eignet sich übrigens hervorragend zum Verstricken von unifarbener, mittelstarker Wolle.

Patentmuster
Hier gibt es viele Varianten (Halbpatent, Vollpatent und falsches Patent).
- Merken Sie sich dieses Patentmuster – es sieht gut aus und ist einfach zu arbeiten: 2 Maschen rechts, 2 Maschen links im Wechsel stricken und die Reihe mit 3 Maschen links beenden. Diese Reihe fortlaufend wiederholen.

- Dünne Wollqualitäten, wie Baumwolle, eignen sich hervorragend für Patentmustergestrick.
- Patentmuster ist ideal für Sommerpullis.

Streifen

- Mit diesem Wechsel von rechten und linken Maschen können Sie natürlich sehr viel hübsche Effekte erzielen, so zum Beispiel, wenn Sie die Reihe der rechten Maschen breiter stricken – 3 Maschen links – 8 Maschen rechts – drei links, 8 rechts fortlaufend wiederholen, die Reihe mit 3 links beenden, in den folgenden Reihen die Maschen abstricken wie sie erscheinen, also die rechten Maschen immer rechts, die linken Maschen immer links. Sie können die Streifen aber auch mit noch mehr rechten Maschen arbeiten – oder natürlich auch mit weniger.
- Dieses Muster eignet sich gut für dicke Winterjacken.

Rippenmuster

- Seien Sie ein bißchen selbstkritisch und verarbeiten Sie das nur, wenn Sie nicht zu viel Oberweite haben und groß und schlank sind.
- Der Pulli sollte nicht zu kurz und zu weit sein.
- Für das Rippenmuster stricken Sie eine Reihe rechts, die zweite Reihe links, die 3. und 4. Reihe rechts, die 5. Reihe links und die 6. Reihe rechts – und das Ganze wiederholen Sie nun fortlaufend.
- Ein interessantes Rippenmuster erhalten Sie durch einen simplen Trick: Verwenden Sie ganz dünne Wolle doppelt und verstricken Sie die mit lauter rechten Maschen. Jede fünfte oder sechste stricken Sie hin und rück dann mit nur einem Faden.

Schachbrettmuster

- Damit erzielen Sie bei unifarbener Wolle einen sehr schönen Effekt.

- Sie reihen glattgestrickte und krausgestrickte Felder aneinander und übereinander – wie bei einem Schachbrett.

- Rechnen Sie sich aus, wie groß Ihre Felder sein sollen – Ihrer Phantasie sind da wirklich keine Grenzen gesetzt – Sie können die Felder viereckig, rechteckig oder sogar zweifarbig stricken.

Zopfmuster
Zöpfe gehören zu den klassischen Mustern, und sie sind gar nicht so schwer zu stricken, wie sich das vielleicht liest.

- Mit Zöpfen können Sie spielen! Sie können einen dikken Zopf zum Beispiel in der Mitte eines Pullis plazieren oder stricken Sie je einen Zopf an der Seite, oder entscheiden Sie sich für eine ganze Zopfmusterreihe.

- Die Zöpfe kommen plastischer, wenn Sie jeweils vor und nach dem Zopf zwei linke Maschen stricken – egal, ob der Zopf in Glatt- oder Krausgestricktem stehen soll. Es gibt nach rechts verkreuzte und nach links verkreuzte Zöpfe. Ich will Ihnen mal ein Strickbeispiel geben, das Sie natürlich in der Zopfbreite beliebig verändern können.

So wird's gemacht

Beispiel: Der Zopfmusterstreifen ist 14 Maschen breit – ob Sie beidseitig davon glatt oder kraus stricken ist egal, die Angabe gilt nur für den Zopf. 6 Maschen rechts, zwei Maschen links, 6 Maschen rechts – dann sechs Reihen die Maschen hochstricken, wie sie erscheinen – in der 7. Reihe wird verkreuzt – und zwar der erste Zopf nach links. Das bedeutet, Sie nehmen die ersten drei Maschen auf eine Hilfsnadel und legen sie vor die Arbeit, die vierte, fünfte und sechste Masche rechts abstricken, dann die ersten drei Maschen von der Hilfsnadel ebenfalls rechts abstricken, die zwei Maschen dazwischen links stricken, und den anderen Zopf nach rechts verkreuzen.

Das bedeutet, Sie nehmen die ersten drei Maschen auf eine Hilfsnadel und legen sie hinter die Arbeit, die folgenden drei Maschen rechts abstricken und dann die Maschen von der Hilfsnadel ebenfalls rechts abstricken. Bis zum nächsten Mal verkreuzen stricken Sie wieder sieben Reihen dazwischen.

- Die Zöpfe müssen nicht notgedrungen immer sechs Maschen breit sein, sie können vier Maschen oder acht Maschen in der Breite haben.
- Wenn Sie die Zöpfe zu breit machen, ist die Gefahr, daß sie leicht zu dick und zu wulstig werden.
- Vorsicht mit dicken Zöpfen bei dicker Wolle!
- Wenn Sie Oberweite haben, Zöpfe nicht über den Busen laufen lassen und das Gestrickte nicht zu eng anliegend arbeiten!
- Wolle mit Härchen eignet sich nicht zum Verzopfen, das Muster fällt in der Qualität nicht auf!
- Probieren Sie es mal und stricken Sie die Zöpfe in Ihrer Strickarbeit nicht schnurgerade durch. Sensationell und hübsch sieht es aus, wenn Sie kurze Zopfreihen willkürlich und unregelmäßig in Ihr Gestrick einsetzen – lassen Sie die Zöpfe mittendrin anfangen und auch mittendrin wieder aufhören!

Lochmuster
- Sie gehören in ihrer Vielfalt zu den Klassikern und sind besonders schön für Sommerpullis.
- Ein Loch ergibt sich, wenn Sie zwei Maschen rechts zusammenstricken, einen Umschlag machen, wieder zwei Maschen rechts zusammenstricken, ein Umschlag – und so weiter.
- Aufpassen, daß der Pulli nicht zu löchrig und damit zu durchsichtig wird.
- Weiße Wollqualitäten sind fast immer durchsichtig. Rechnen Sie damit, wenn Sie ein Lochmuster in Weiß arbeiten wollen.
- Hübsch für Sommerpullis sind auch die »*fallengelassenen*« Maschen. Stricken Sie drei Reihen glatt rechts, in der 4. Reihe dann 1 Masche rechts, 1 Umschlag, fortlaufend wiederholen, in der 5. Reihe dann die rechten Maschen rechts stricken und die Umschläge fallen lassen. 6. und 7. Reihe die Maschen dann stricken, wie sie erscheinen. Die 4. bis 7. Reihe fortlaufend wiederholen.

Noppen
- Sie sind ein hübscher Blickfang auf Pullis und Jacken.
- Noppen können Sie willkürlich einsetzen, wo es Ihnen gefällt.
- Noppen haben einen Nachteil: Sie verbrauchen sehr viel Wolle. Denken Sie daran.
- Und so wird eine Noppe gestrickt: Aus einer Masche vier Maschen herausstricken, dabei abwechselnd mal vorne und mal hinten einstechen – dann vier Reihen im Wechsel 1 Reihe rechts, eine Reihe links drüberstricken – in der darauffolgenden Reihe die Maschen von den Noppen wieder abnehmen, das geht so: die 4. Masche über die 3. Masche, die 3. Masche über die 2. Ma-

sche, die 2. Masche über die 1. Masche ziehen, wenden, und diese Masche auf die linke Nadel nehmen und rechts abstricken.

- Noppen sollten Sie als zierendes Beiwerk an Schultern, Ärmeln verwenden – denn sie tragen auf. Ein reiner Noppenpulli steht weder Molligen noch Schlanken, weder Großen noch Kleinen.

Phantasie für unifarbene Pullover und Pullis

- Arbeiten Sie in einen glattgestrickten Pulli einfach mal kurze Abschnitte von krausen Maschen ein – in der gleichen Farbe, Sie brauchen nicht die Wolle zu wechseln. Raffiniert sieht es aus, wenn Sie größere Stricknadeln für die krausen Maschen benutzen.
- Reichern Sie das glatte Gestrick mit krausen Dreiecken an – die ruhig wieder mit größeren Nadeln gearbeitet werden dürfen.
- Unterbrechen Sie Glattgestricktes mit Quadraten – ebenfalls glatt gestrickt – nur mit dicken Nadeln. Die optische Wirkung ist enorm.
- Lassen Sie sich nicht einreden, daß ein Muster regelmäßig immer im gleichen Abstand erscheinen muß. Stricken Sie in glatte Strickstücke krause Maschen ein, wo immer es Ihnen behagt, beliebt, gefällt – egal, ob mit dickeren Nadeln, gleich dicken – die Wirkung ist immer überraschend! Mit einfachen Mitteln erzielen Sie einen großen Effekt!

Was Mollige beachten sollten

- Selbstverständlich sind Streifen erlaubt. Aber Längsstreifen. Stricken Sie in einen unifarbenen dunklen Pullover von der Schulter ausgehend, einen Längsstreifen bis runter zur Taille. Das streckt!
- Gehen Sie mit knalligen Farben sparsam um!

- Wenn Sie mehrere Farbtöne verstricken, achten Sie darauf, daß die Stücke um die Taille in dunklen Tönen gehalten sind.
- Wenn ein Rollkragen Sie zu gedrungen erscheinen läßt: Stricken Sie sich einen Pulli mit einem optisch riesigen V-Ausschnitt. Der Einsatz, andersfarbig auch knallig, kann dann ruhig einen kleinen Rollkragen haben. Der große, optische Ausschnitt läßt sie schmaler erscheinen, ihre Figur verträgt dann auch einen Rollkragen.
- Lange Westen sind für Sie vorteilhafter als Pollunder!
- Machen Sie sich nicht die Mühe und stricken Sie Röcke oder Kleider – bestimmt werden Sie sich nicht darin wohl fühlen!
- Verzichten Sie auf die modischen, überhängenden Schultern.
- Schöner ist es für Ihre Figur, wenn Sie einen runden Armausschnitt stricken. Allzuviel Weite trägt nämlich nur zusätzlich auf.

Wenn Sie schon ein bißchen älter sind
- Besonders vorteilhaft sind Westen mit Knopfleisten. Sie verstecken eventuelle Figurmängel, zum Beispiel ein kleines Bäuchlein.
- Die Länge der Weste hängt von der Figur ab. Molligere Damen sollten das gute Stück bis über den Po tragen. Sind die Hüften noch schmal, sieht auch eine hüftlange Weste gut aus.
- Wichtig ist der Schnitt: Die modischen Hängeschultern sehen bei älteren Damen nicht gut aus.
- Fertigen Sie sich einen Schnitt an und rechnen Sie sich genau die Tiefe des Armausschnittes aus.
- Der vordere Armausschnitt sollte tiefer sein, als der Armausschnitt vom Rückenteil, weil oft bei älteren Leuten die Haltung nicht mehr so aufrecht ist.

73

- Im Schnitt auch die Abschrägung für die Schultern berücksichtigen.
- Wenn Sie sich einen Pullover stricken, dann bitte keine Fledermausärmel. In jedem Fall eingesetzte Ärmel in eine runde Armkugel einarbeiten – und die Ärmelweite je nach Armstärke selber festlegen.
- Vermeiden Sie viele Taschen.
- Strickröcke und Strickkleider sind für ältere Figuren nicht so geeignet.
- Ungünstig sind weit ausgeschnittene Pullover.
- Die Fältchen am Hals kaschiert besser ein Stück mit Kragen – sei es ein Stehkragen oder ein Rollkragen.
- Rollkrägen mit dünnerer Wolle stricken, als den Pulli – das trägt nicht so auf.
- Überlegen Sie bei der Farbauswahl: Frisch und lebendig soll Ihr Strickstück sein, aber nicht bunt.
- *Ideale Farbkombinationen:* Silbergrau, blau, schwarz und dazu weiß. Silbergrau, blau, dunkelblau. Hellbeige, dunkelbraun und rosé – all das sind Farbkombinationen die jugendlich wirken aber nie aufdringlich.
- Wenn Sie handarbeiten, nehmen Sie bitte nie billige Wolle – lieber schwere Wollqualitäten (auch Seide) oder stark gezwirnte Wolle – ein Stück aus guter Wollqualität fällt einfach besser.

Der Pulli soll zu Ihrer Figur passen
- Lassen Sie sich von Fotos und Schöngestricktem in Modezeitschriften nicht becircen. An Ihnen kann der Pulli, der so super an dem Fotomodell ausgesehen hat, überhaupt nicht gut wirken. Warum? Weil Sie einfach ein anderer Typ sind, weil Sie einfach die Figur nicht dazu haben.
- Bevor Sie sich entschließen einen Pulli, einen Pullover, eine Jacke zu stricken, prüfen Sie erstmal ganz selbst-

kritisch Ihre Figur. Halt! Verstehen Sie mich bitte richtig. Sie sollen jetzt nicht Ihre Fehler und Mängel anprangern – nein, Ihr neues Selbstgestricktes soll einfach Ihre Figurvorteile ins rechte Licht rücken, und nicht etwa Unvorteilhaftes betonen.

- Wenn Sie oben herum etwas kompakt sind, stricken Sie sich keinen Pulli aus Mohair oder Angora-Wolle – das trägt auf.

- Hat die Natur Sie mit einem vollen Busen gesegnet, seien Sie stolz darauf, aber tragen Sie bitte keinen von den modischen, viereckigen, kurzen Pullis.

- Pullover aus ganz dicker Wolle stehen wirklich nur schlanken Figuren.

- Ist der Hals kurz, werden Sie von einem Rollkragenpullover nachgeradezu erdrückt. Besser ist da ein tiefer V-Ausschnitt, der streckt.

- Wenn Sie nicht gerade eine Wespentaille haben, vermeiden Sie lange Pullis, die in der Mitte gegürtet werden.

- Egal, wie Sie gebaut sind, vermeiden Sie zu lässige, überweite und zu lange Pullis. Sie könnten darin leicht gammlig und vor allem zu unförmig wirken.

- Auf keinen Fall sollte Ihr Pulli auf »Figur«, das heißt enganliegend gearbeitet sein, egal wie sie geformt ist. Sie werden darin immer unvorteilhaft wirken.

Streifenpulli

- Sie sind in jedem Frühjahr/Sommer/Herbst und Winter in Mode. Aufpassen: So ein quergestreiftes Stück macht einfach rundlich. Sollten Sie damit Probleme haben, achten Sie darauf, daß das Gestrickte über den Po reicht. Oder noch besser: stricken Sie breite Streifen, so 15 cm, das streckt.

Ein bißchen Farbe

- Lassen Sie einen besonderen Faden mit Ihrer Wolle mitlaufen, zum Beispiel Gold- oder Silbergarn, auch einen Lurexfaden – das sieht wirklich schön aus.

Gemixte Garne sind Trumpf

- Mischen Sie Seide mit Mohair – und das zum Beispiel nur in Weiß.
- Verstricken Sie Leinen mit Baumwolle – und das in Natur.
- Selbstverständlich können Sie auch verschiedene Garne in verschiedenen Farben mischen – dafür gibt's überhaupt keine Regel. Was zählt, ist nur Ihr Geschmack.
- Lassen Sie sich von keiner Verkäuferin der Welt im Wollgeschäft einreden, daß alle Garnsorten gleich dick sein müßten. Sie können stärkere Garne dazwischenstricken – bei verschiedenen Wollstärken gilt folgende Regel: für dünnere Wolle dickere Nadeln nehmen, dickere Wolle mit dünneren Nadeln verstricken.

Eingestrickte Farbkleckse

- Einen tollen Effekt erzielen Sie in Ihren Stricksachen mit eingestrickten Farbklecksen. Stellen Sie sich einen roten Pulli vor, in den Sie irgendwo ein graues oder schwarzes oder blaues Dreieck plazieren.
- Stricken Sie an irgendeine Stelle, die Ihnen gerade einfällt, einen Kreis ein. Na, wie wär's. Für diese Ideen brauchen Sie wirklich keine Vorlage – arbeiten Sie einfach mal frei nach Lust und Laune, legen Sie los!

Der besondere Farbtrick

Wunderschöne »Muster« erzielen Sie mit einem ganz simplen Trick:

- Verwenden Sie viele Farben aus ganz dünner Wolle und

nehmen Sie immer zwei Fäden, also zwei verschiedene Farben. Und dann wechseln Sie ab. Nehmen Sie z. B. rot und gelb, dann lassen Sie das Gelb nach ein paar Reihen weg und nehmen blau dazu, das Rot lassen Sie weiterlaufen. Und wenn Sie das Rot weglassen, nehmen Sie stattdessen eine andere Farbe, und so weiter, und so weiter – Sie können das Ganze natürlich auch Ton in Ton halten, zwischendurch unifarbene Streifen stricken – lassen Sie sich vom Ergebnis überraschen.

Muster durch verschiedene Farben
* Wenn Sie nun verschiedene Farben aneinanderstricken ist es wichtig, daß die Fäden exakt verkreuzt werden – sonst entsteht ein unschönes Loch.

So wird's gemacht

Auf der Rückseite der Arbeit den Faden der ersten Farbe in Strickrichtung legen, dann den Faden der zweiten Reihe drüberlegen und weiterstricken.
Wollen Sie die Farbe innerhalb einer Reihe wechseln, dann läuft der Faden, den Sie nicht stricken, als ruhender Spannfaden auf der Rückseite der Arbeit mit.
Wird der ruhende Faden über ein langes Stück mitgeführt, ist es günstig, die beiden Fäden alle acht bis zehn Maschen zu verkreuzen – Sie haben sonst zu lange Fäden auf der Rückseite hängen, die behindern meist beim Anziehen des Pullis. Und noch ein Handicap: Meist bleibt der Faden über weitere Strecken nicht locker, sondern wird zu sehr angespannt – der Erfolg: Ihr Strickstück wird an dieser Stelle unschön zusammengezogen.

Farbschlingen-Muster

- Ein witziges Muster erhalten Sie, wenn Sie die Spannfäden mal nicht nach innen verlaufen lassen, sondern außen am Gestrickten. Bei einem gleichmäßigen Karomuster zum Beispiel bekommen die festen Maschen eine zweite Schicht aus Schlingen – und das ist ein besonderer Gag!

Ein Pulli im Fransenlook

- Reißen Sie beim jeweiligen Farbwechsel die Wollfäden ab und lassen Sie sie herunterhängen – so lang, wie es Ihnen gefällt. Sie können sogar noch einen Übergang dazu machen: Vernähen Sie extra lange Fäden wulstig außen an Ihrem Pullover – auch wenn Sie's nicht glauben – probieren Sie es aus. Wirklich, es sieht toll aus!

Pfiffig mit Baumwollbändchen

- Sehr pfiffig sieht es aus, wenn Sie in Ihren Pulli einfach schräggeschnittene Baumwollbändchen mit einstricken – und die Enden nicht nach innen – sondern munter nach außen hängen lassen!

Erfinden Sie eigene Muster

- Versuchen Sie nicht unbedingt, die hohe Schule der Strickkunst zu erlernen. Bekommen Sie Mut zur eigenen Phantasie und erfinden Sie deshalb eigene Muster. Und wenn so ein Muster durch Zufall entsteht, nur weil Sie irgendwelche komplizierten Angaben nicht richtig verstanden haben, um so besser – freuen Sie sich über Ihre Phantasie!

Auf leisen Sohlen kommt das Glück…

Die besten Tips für Strickstrumpf und Handschuhe

Strümpfe stricken

Zwei Dinge gibt es, die eine Strick-Interessierte oder
auch ein Strick-Interessierter einfach beherrschen muß.
Das eine ist: Socken stricken. Rümpfen Sie jetzt nicht
die Nase und behaupten Sie: »Die kann ich preiswerter
kaufen. Was soll ich mir die Mühe machen!« Ich sage:
Die Mühe lohnt! Wollsocken sind warm, ersetzen im
Winter sogar Hausschuhe. Außerdem: selbstgestrickte
Socken sind wieder in. Ob unifarben, geringelt, mit
Muster, ob in Wolle, dick oder dünn, in Leinen oder
Baumwolle – sommers wie winters ist die selbstgestrick-
te Fußbekleidung ein echter Knüller!

So wird's gemacht

Hier eine einfache Anleitung für Socken. Probieren
Sie's mal mit dicker Wolle. Es liest sich vielleicht ein
bißchen kompliziert, aber schwer ist das Sockenstrik-
ken wirklich nicht.

- Socken werden auf einem Nadelspiel und in Runden gearbeitet. Ein Nadelspiel besteht aus 5 Nadeln.

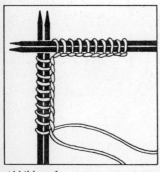

Abbildung 1

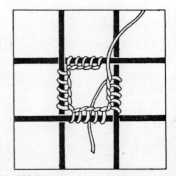

Abbildung 2

1. Und so werden die Maschen angeschlagen: Teilen Sie die errechnete Maschenzahl erstmal durch zwei und nehmen Sie diese Anzahl auf einem Nadelpaar auf, die andere Hälfte auf das zweite Nadelpaar aufnehmen.
2. Nächster Schritt: Bei jedem Paar eine Nadel herausziehen und jeweils die Hälfte der Maschen auf die 3. und 4. Nadel verteilen, mit der 5. Nadel wird gestrickt.

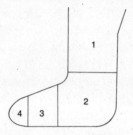

Eine Socke wird in vier Teilen gestrickt:

1. Das Beinteil
Messen Sie den Umfang der Fesseln und rechnen Sie anhand einer Strickprobe aus, wieviel Maschen Sie aufnehmen müssen. Am günstigsten ist es, das Beinteil eins rechts, eins links, oder zwei rechts, zwei links zu arbeiten – so wird es elastisch.

2. Die Ferse
Für die Ferse wird die Maschenzahl durch zwei geteilt – die vordere Hälfte der Maschen auf den beiden Nadeln lassen, die Maschen für die Ferse auf eine Nadel nehmen.

Die Ferse wird in jedem Fall glatt gearbeitet, das heißt eine Reihe rechts, eine Reihe links. Zunächst stricken Sie so viele Reihen wie Sie Maschen auf der Nadel für die Ferse haben. Hübsch sieht es aus, wenn Sie dabei die beiden Maschen am Rand immer rechts abstricken,

Sie können aber auch einen Kettrand machen (siehe Seite 12). Haben Sie nun so viele Reihen gestrickt, wie Sie Maschen auf der Nadel hatten, haben Sie die Fersenhöhe erreicht.

Nun kommt *die Fersenkappe.* Dazu teilen Sie die Maschenzahl auf Ihrer Nadel in drei gleiche Teile – ist die Maschenanzahl nicht durch drei teilbar, was ja oft geschieht, dann nehmen Sie die eine oder zwei Maschen mehr auf die mittlere Nadel. Beginnen Sie mit dem Stricken auf der rechten Seite. Stricken Sie die erste Nadel rechts ab, die 2. Nadel bis auf die letzte Masche abstricken, * die letzte Masche der 2. Nadel mit der 1. Masche der 3. Nadel rechts überzogen zusammenstricken – die Arbeit wenden – die 1. Masche links abheben, die mittlere Nadel bis auf die letzte Masche links abstricken und nun die beiden folgenden Maschen links zusammenstricken – Arbeit wenden – die 1. Masche rechts abheben, die mittlere Nadel bis auf die letzte Masche rechts abstricken. * Den Vorgang des Abhebens, der mit den beiden Sternchen* gekennzeichnet ist, so lange wiederholen, bis an den beiden Seiten, also auf der ersten und dritten Nadel alle Maschen abgenommen sind – es bleiben also nur die Maschen auf der mittleren Nadel von der Ferse übrig.

Diese Maschen müssen nun mit dem *Spann* verbunden werden. Dazu beidseitig alle Randmaschen auf die Nadeln aufnehmen, so stellen Sie die Verbindung zum Spann wieder her. Dann in Runden weiterstricken. Zuerst die restlichen Maschen der Fersenkappe, anschließend die folgenden aufgenommenen Randmaschen, dann die Maschen von den beiden Nadeln der vorderen Strumpfhälfte und beginnt bei der folgenden Nadel – das wäre die 1. Nadel – mit den Zwickeln. (Sie haben ja nun zu viele Maschen und müssen die gleiche Anzahl wieder erreichen, die Sie zu Beginn der Ferse hatten.) Dazu von der 1. Nadel die 2. und 3. Masche rechts verschränkt zusammenstricken, weiterarbeiten, dann von der 2. Nadel die dritt- und vorletzte Masche rechts zusammenstricken. Diese Abnahmen in jeder 3. Runde so oft wiederholen, bis Sie die Maschenzahl erreicht haben, die vor Beginn der Ferse auf den Nadeln war.

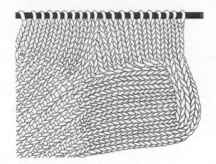

3. Der Spann
Der Spann wird auf dem Nadelspiel gerade hochgestrickt – bis zum Ende der kleinen Zehe. Nun beginnt die Fußspitze.

4. Die Fußspitze

In jeder 2. Runde wird bei der ersten Nadel die 2. und 3. Masche rechts verschränkt zusammengestrickt, bei der zweiten Nadel die drittletzte und vorletzte Masche, bei der dritten Nadel die 2. und 3. Masche, bei der vierten Nadel die drittletzte und vorletzte Masche. Diese Abnahmen wiederholen Sie so oft, bis Sie auf jeder Nadel nur noch zwei oder drei Maschen haben. Führen Sie den Arbeitsfaden durch diese Maschen, Nadeln herausnehmen, Maschen zusammenziehen, Faden gut vernähen.

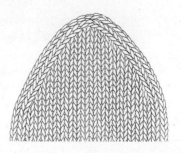

Fäustlinge sind das zweite absolute Muß beim Stricken

Mit Fingerhandschuhen will ich Sie erst gar nicht quälen. Fäustlinge halten Frauen-, Männer- und Kinderhände warm. Stricken Sie den rechten in einer anderen Farbe als den linken, das ist witzig.

So wird's gemacht

Diese einfache Art zu stricken – nämlich ohne Daumenkeil – ist so leicht, daß auch Anfänger es spielend schaffen!

Fäustlinge beginnen Sie genauso wie Socken. Erstmal Handgelenkweite messen, nach Strickprobe Maschenanzahl ausrechnen, mit einem Nadelspiel Bündchen

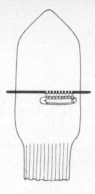

eins rechts, eins links oder zwei rechts, zwei links rund 8 cm hoch stricken, nach dem Bündchen rechts weiterarbeiten bis zum Anfang des Daumens. Von der ersten Nadel stricken Sie nun die ersten zwei, drei Maschen ab und nehmen nun so viele Maschen auf eine Hilfsnadel oder Sicherheitsnadel, wie Sie für die halbe Daumenweite gemessen haben – die gleiche Maschenanzahl schlagen Sie sofort wieder auf – so ergibt sich das Loch für den Daumen. Stricken Sie weiter rechts hoch in Runden bis zur Spitze des kleinen Fingers.

Und nun stricken Sie die Fingerspitze, die übrigens genauso gearbeitet wird wie beim Strumpf. Das heißt, in jeder 2. Runde von der 1. Nadel die 2. und 3. Masche rechts verschränkt zusammenstricken, von der 2. Nadel die dritt- und vorletzte Masche, von der 3. Nadel die 2. und 3. Masche und von der 4. Nadel die dritt- und vorletzte Masche. Wenn Sie auf jeder Nadel nur noch 2 oder 3 Maschen haben, dann Faden durchziehen, zusammenziehen, vernähen – fertig.

Den zweiten Fäustling natürlich gegengleich zum ersten stricken – aufpassen, daß Sie nicht zwei Daumen auf der gleichen Seite haben!

Und so wird der Daumen gestrickt:
Die Maschen von der Sicherheitsnadel und die neu aufgeschlagenen Maschen auf drei Nadeln gleichmäßig verteilen und gerade hoch bis zur Daumenspitze stricken.

Für die Spitze in jeder Reihe am Ende jeder Nadel die vorletzte und letzte Masche rechts zusammenstricken bis noch 6, höchstens 8 Maschen offen sind, die mit dem Faden zusammenziehen und den Faden gut vernähen.

Achten Sie unbedingt darauf, daß Sie für den Daumen genügend Weite haben. Ist er nämlich zu eng, machen die Fäustlinge keinen Spaß, der Daumen schnürt ein, die Hände bleiben kalt – und die Arbeit war umsonst.

Die Fausthandschuhe für Verliebte
- Stricken Sie einen rechten und einen linken Fäustling und arbeiten Sie ein sackähnliches Gebilde mit zwei Einstieglöchern, das Platz genug für zwei Hände zum Kuscheln bietet.

Angebandelt...

Die besten Tips für Bändchengarne

Die Spighetta oder Bändchengarne

Der absolute Hit für Anfänger, Könner und Künstler

Erfunden wurden sie vor drei Jahren in Italien – die Spighetta – die Baumwollbändchen, und sie traten einen ungeahnten Siegeszug um die ganze Welt an, als absolut neues Strickmaterial. Seitdem arbeiten Designer und kreativ und technisch versierte Leute an der Weiterentwicklung dieses Materials, und sie haben inzwischen eine mannigfache Auswahl dieses Super-Materials auf den Markt gebracht. Da ist wirklich für jeden Geschmack etwas dabei.

- Eins vorweg: Sind Sie eine ganz besonders pingelige Strickerin? Dann lassen Sie lieber die Finger von den Bändchen. Die sehen wirklich nur dann gut aus, wenn man sie locker und lässig mit großen Nadeln verstrickt und zu möglichst schlichten Pullovern verarbeitet. Denn verstricken Sie Bändchengarne fest mit dünnen Nadeln, dann wirkt das Gestrick zu dick – und es sieht so aus, als hätten Sie normale Wolle benutzt. Der Pfiff ist weg. Je lockerer Sie die Bändchengarne verstricken, um so schöner wird das Gestrick – der Pfiff der Bändchen kommt so voll zur Geltung. Wenn Sie sich also in locker-lässigen Stricksachen zuhause fühlen und außerdem schnelle Erfolgserlebnisse wollen, dann sind die Bändchengarne für Sie das Ideale.
- Reine *Baumwollbänder* gibt es in allen Farben.
- Aufpassen: dieses Material wird beim Tragen immer weiter. Stricken Sie mit dünneren Nadeln ein Bündchen an Taille und Ärmeln – beim Waschen schrumpft das Material wieder zurück. Sie dürfen das gute Stück sogar in der Maschine kurzschleudern, dann kommt es wieder tip-top in Form – und vor allen Dingen, es trocknet schneller, denn Baumwolle ist langwierig zu trocknen.

- *Baumwollbändchen mit Synthetikgemisch* leiern sich nicht aus – das gleiche gilt für reine *Wollbänder mit Synthetikgemisch*.
- Leicht verarbeiten und pflegen läßt sich ein *Acryl-Seidengemisch*.
- Bei *Viskose mit Baumwolle* passiert ebenfalls nichts.
- Ein bißchen lumpig sehen die *schräggeschnittenen Bänder aus Baumwolle oder Seide* aus – die Ränder sind nämlich nicht glatt, sondern ein bißchen ausgefranst.
- Dann gibt es da noch ein Bändchen aus *Alcantara* (Kunstleder) und *Duftin-Bänder* als Lederersatz. Diese Ersatz-Lederbändchen haben vor Echt-Lederbändchen zwei Vorteile: sie sind absolut waschbar, echtes Leder nicht – und sie werden als Endlosbändchen hergestellt, im Gegensatz zu echtem Leder, wo die Bändchen ja aus einem Lederfell herausgeschnitten werden und darum können sie nicht besonders lang sein.
- Beim Verstricken von Lederbändchen müssen Sie immer Nadel und Faden zur Seite haben und die Klebestellen übernähen, tun Sie das nicht, gehen die Klebestellen beim Tragen auf – der Pulli löst sich auf. Und noch eins: echtes Leder fuselt.
- *Echtes Leder* verstrickt sich schwierig, weil es nicht so leicht über die Nadeln rutscht wie Kunstleder.
- Legen Sie den Knäuel Lederbändchen in Talcum-Puder – so rutscht das Material leichter.
- *Reine Seidenbänder* gehören zu den edelsten Materialien. Sie haben nur einen kleinen Schönheitsfehler: Sie sind teuer. Ein Pullover aus diesem sehr schönen Material kommt auf runde 200 Mark. Aber es lohnt sich!
- Es gibt flache Bänder, sogenannte *Schlauchbänder* (wie ein Strumpf gestrickt) – sie sind unifarben oder bunt bedruckt –
- *Bändchengemisch* (wie Chameuse) –

- *Bändchen mit Mohair* und *Bändchen mit Bart* (da hängen Wollfransen raus) –
- *Baumwollbändchen gebatikt* –
- *Taftbänder* – *Stoffbänder* gerade oder schräggeschnitten.
- *Bändchen aus Strickstoff* –
- *Bändchen mit Schlaufen* –
  Und für alle, die eine Schwäche für das Ausgeflippte haben:
- *Bändchen aus Papier* –
- *Bändchen aus Bast* –
- *Bändchen aus Mull.*
- Egal für welche Sorte Bändchen Sie sich entscheiden, eines müssen Sie mit in Betracht ziehen: dieses Material ist nicht gerade billig. Die Preise bewegen sich für einen Knäuel von 50 Gramm von DM 6,50 bis zu 10 Mark. Und für einen Pullover brauchen Sie rund 500 Gramm.

Der Bändchenpullover

Nachdem Sie nun eine ganze Menge über Bändchen wissen, machen Sie sich selbst die Freude und »bestricken« Sie sich mit einem Pulli aus diesem Material.

Hier der Idealpulli für Sie zum Nacharbeiten – egal für welches Bändchengarn Sie sich nun entschieden haben.

Das Original ist aus 450 g Bändchengarn FILPUCCI »Spazio« gestrickt – dieses Material ist ganz raffiniert gemustert: die Töne sind gedeckt und reichen von lila, hellgrün, hellrot bis zu beige und sind so angeordnet, daß beim Stricken automatisch jeweils Farbstreifen entstehen, bei denen die Töne ineinanderfließen – es sieht aus wie ein Gemälde. Das heißt, Sie brauchen den Pulli nur ganz einfach glatt zu stricken, der Effekt ist toll: das Strickstück sieht so aus, als hätten Sie es in ausgeklügeltem Muster gearbeitet.

Ein zusätzlicher Pfiff: Der Pullover ist im oberen Drittel mit Lochmuster gearbeitet. Aber: wenn Sie sich das noch nicht zutrauen, dann verarbeiten Sie das Bändchengarn Ihrer Wahl – und statt des Lochmusters stricken Sie einfach glatt weiter. Allein der Schnitt des Pullis ist bestechend: er hat kein Armloch, die Ärmel werden gleich mit dran gearbeitet.

Und so wird's gemacht

(Genaue Anleitung für Konfektionsgröße 38)

Material: Woll-Service FILPUCCI »Spazio« 450 g, Farbe 3, Stricknadeln Nr. 5 und 8

Grundmuster: glatt rechts (Hinreihe rechts – Rückreihe links)

Lochmuster:
1 Reihe rechts (Rückreihe rechts) = 1 Krausrippe
1 Reihe 1 Masche rechts, 1 Umschlag, abwechselnd wiederholen,
1 Reihe 1 Masche rechts, Umschlag fallen lassen, abw. wdh.
3 Reihen glatt rechts (Hinreihe rechts, Rückreihe links)
1 Reihe rechts (Rückreihe links) = 1 Krausrippe
1 Reihe 1 Masche rechts, 1 Umschlag, abwechselnd wiederholen,
1 Reihe links, den Umschlag fallen lassen
1 Reihe rechts
1 Reihe rechts (Rückreihe rechts) = 1 Krausrippe

Maschenprobe: 13 Maschen in der Breite und 17 Reihen in der Höhe ergeben 10 cm^2.

Vorderteil: 60 Maschen mit Nadeln Nr. 5 anschlagen und für den Bund zuerst 7 cm 2 Maschen rechts – 2 Maschen links im Wechsel stricken und dann in jeder 3. Reihe 2 Maschen links vom Rand her weniger stricken bis über alle Maschen nur noch glatt rechts gestrickt wird. (Der Bund läuft zur Mitte spitz zu – Sie können den Bund aber natürlich auch ohne die Spitze arbeiten.) Dann mit Nadeln Nr. 8 im Grundmuster glatt rechts weiterstricken und innerhalb der 1. Reihe verteilt 10 Maschen zunehmen. (Aus dem Querfaden verschränkt eine Masche herausstricken.) Nach 28 cm Gesamthöhe für die beidseitigen Ärmelzunahmen je 1mal 2, 1mal 3, 1mal 11, 1 mal 10 und 1 mal 9 Maschen zunehmen. Noch 8 Reihen glatt rechts weiterstricken, und ab hier den Lochmustereinsatz einstricken. Nach der letzten Krausrippe des Lochmustereinsatzes noch 3 Reihen rechts stricken. Dann in der nächsten Reihe die mittleren 28 Maschen und beidseitig noch je 2mal 2 Maschen für den vorderen Halsausschnitt abnehmen. 7 Reihen rechts stricken, dann die abgenommenen Maschen (36) wieder neu anschlagen und über die ganze Breite den Rücken stricken. Nach 8 Reihen das Lochmuster beginnen und gegengleich dem Vorderteil fertigstellen.

Ausarbeitung: Teil auf den Schnitt spannen, mit feuchten Tüchern bedecken (Achtung: das Material darf nicht gedämpft werden) und gut trocknen lassen. Mit Nadeln Nr. 5 aus den Ärmelkanten 34 Maschen auffassen und 10 cm ein Bündchen 2 Maschen rechts – 2 Maschen links im Wechsel anstricken. Mit einer Häkelnadel um den Halsausschnitt 1 Reihe Krebsstich häkeln (= feste Maschen von links nach rechts gehäkelt).

Und das ist der verkleinerte Schnitt, den Sie ganz einfach vergrößern können: Nehmen Sie einen Bogen Packpapier, falten Sie ihn in der Mitte – Gesamtlänge,

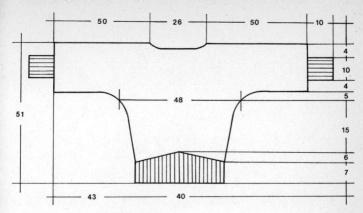

Schnittmuster des Bändchenpullovers

also 51 cm anzeichnen – dann die halbe Bündchenbreite (Gesamtbreite ist 40 cm) = 20 cm eintragen – die halbe Oberweite (Gesamtweite ist 48 cm) = 24 cm – dann die halbe Ausschnittweite (Gesamtweite ist 26 cm) = 13 cm – die Ärmellänge 50 cm – Bündchenlänge 10 cm eintragen – die Linien so verbinden wie auf dem kleinen Schnitt gezeichnet – und zum Schluß ausschneiden und auseinanderfalten. – So erhalten Sie den Schnitt in Originalgröße.

● Übrigens können Sie diesen einfachen Schnitt auch für Pullis aus Wolle anwenden.

● Sie können den Pulli auch verlängern – Sie müssen sich dann eben nur entsprechend der Wollstärke die Maschenanzahl selber ausrechnen. Aber wie das genau geht, wissen Sie ja nun bereits.

Das Modell stammt von der Firma Woll-Service, Geisenfeld, einer der bekanntesten Hersteller der Bändchengarne.

Lässiges Hemdchen

Bändchengarne eignen sich hervorragend zum Verstricken für lässige Hemdchen, die Sie über T-Shirts, Blusen oder Kleider tragen können. Hier eine Arbeitsanleitung:

Und so wird's gemacht

Material: Woll-Service FILPUCCI »Paperpully« (Papierbändchen) 150 g weiß, ca. 2 m weißes Ripsband 2 cm breit, Stricknadeln Nr. 8, Häkelnadel 6.

Grundmuster: rechts kraus (d. h. Hinreihen rechts, Rückreihen rechts).

Maschenprobe: 12 Maschen in der Breite und 22 Reihen in der Höhe ergeben 10 cm im Quadrat.

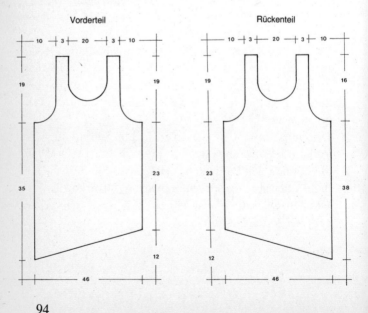

Rückenteil: 8 Maschen anschlagen und im Grundmuster stricken. An der rechten Kante dann sofort 12mal jeweils 4 Maschen in jeder zweiten Reihe zunehmen. Bis 35 cm Höhe gerade hochstricken und dann für die Armausschnitte auf beiden Seiten in jeder 2. Reihe 1 mal 3, 3 mal 2 und 3 mal 1 Masche abketten. In 42 cm Gesamthöhe für den Halsausschnitt die mittleren 14 Maschen und zu beiden Seiten noch in jeder 2. Reihe jeweils 2 mal 2 und 1 mal 1 Masche abketten. In 54 cm Gesamthöhe dann die restlichen Maschen abketten.

Vorderteil: 8 Maschen anschlagen und im Grundmuster stricken. Dabei dann sofort an der linken Kante 12 mal in jeder 2. Reihe jeweils vier Maschen dazu anschlagen. In 35 cm Gesamthöhe für die Armausschnitte in jeder 2. Reihe 4 mal 2 und 4 mal 1 Masche abketten. Gleichzeitig in 37 cm Höhe für den Halsausschnitt die mittleren 14 M und zu beiden Seiten noch in jeder 2. Reihe jeweils 2 mal 2 und 1 mal 1 Masche abketten. In 54 cm Gesamthöhe die restlichen Maschen abketten.

Ausarbeitung: Die Schulter und Seitennähte schließen. Hals- und Armausschnittkanten mit dem Ripsband einfassen. Die untere Kante mit 1 Runde fester Maschen umhäkeln.

Und hier noch drei einfache, aber doch sehr schicke Schnitte für Bändchenpullis

- Die Länge von 45 cm entspricht ca. Konfektionsgröße 38.
- Messen Sie lieber selber nach, wie lang Sie den Pulli haben wollen.
- Die Weite des Halsausschnittes von 30 cm sollte bleiben.

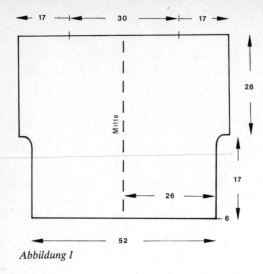

Abbildung 1

- Die Schulterlänge von 17 cm können Sie aber beliebig um einige Zentimeter verbreitern.
- Damit der Pulli in den Proportionen bleibt, geben Sie die Zentimeter auch bei der unteren Weite zu. Zum Beispiel: Wollen Sie die Schulterbreite von 17 auf 19 cm auf beiden Seiten erweitern, dann würde die Breite des Vorderteils 52 cm + 2 cm + 2 cm = 56 cm betragen.
- Auch wenn der Schnitt noch so einfach ist, machen Sie sich die Mühe, und fertigen Sie sich eine Schnittzeichnung an.
- Legen Sie Ihr Gestrick immer wieder auf Ihren Schnitt und vergleichen Sie, ob die Größe auch noch stimmt.
- Bei diesen lässigen Schnitten ist die Gefahr sehr groß,

96

daß der Pulli »aus den Fugen gerät«, also leicht zu weit und lässig wird.

- Fertigen Sie auch hier wieder eine Schnittzeichnung mit Ihren Maßen an – und dabei gilt das gleiche wie bei dem vorigen Schnitt: Wenn Sie die Ärmel verlängern, dann verbreitert sich die Bundweite um dieselbe Zentimeteranzahl.

- Pullis aus Bändchengarn kriegen einen besonderen Pfiff, wenn Sie die Bändchenenden und -anfänge eines jeweiligen Knäuels nach außen hängen lassen. Und neben der Optik hat das noch einen Vorteil: man sieht die Verbindungsstellen nicht!

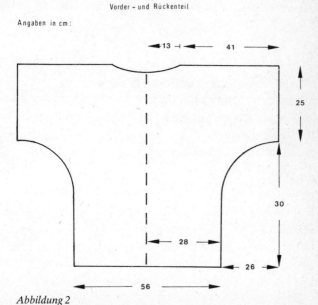

Vorder – und Rückenteil

Angaben in cm:

13 41 25 28 30 26 56

Abbildung 2

97

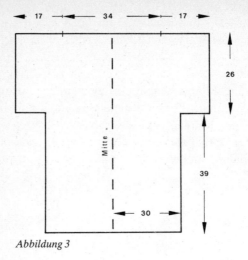

Abbildung 3

Was Sie noch alles verstricken können

Sie haben geglaubt, nun wüßten Sie bereits alles. Zugegeben, Sie wissen fast alles. Zum Schluß habe ich noch drei ausgefallene Tips für Sie mit Materialien, die Sie auch noch verstricken können.

Streifen

- In jedem Haushalt gibt es Leintücher, Bettbezüge, Kopfkissen mit schadhaften Stellen. Werfen Sie diese Dinge nicht weg. Schneiden oder reißen Sie das in Streifen, 3-5 cm dick, nähen Sie diese zusammen und strikken Sie sich mit superdicken Nadeln Ihren eigenen Fleckerlteppich. Das sieht super aus. Wenn Ihnen die Farben Ihrer Bettwäsche so verstrickt nicht gefallen,

98

können Sie das Stück mit Stoffarben färben – die gibt es überall zu kaufen.

- Wenn Sie schmälere Streifen schneiden, können Sie das Ganze auch zu einem Pollunder verarbeiten – und natürlich auch einfärben.

Strumpfhosen verstricken

- Kaputte Strümpfe und bunte Strumpfhosen nicht wegwerfen! Schneiden Sie die in schmale Streifen, die Sie aneinanderknoten oder zusammennähen können – und stricken Sie daraus eine Decke, einen Teppich – auch einen Pollunder, wenn's Ihnen gefällt.

Paketschnüre

- Paketschnüre sind zum Verpacken da. Klar! Sie können daraus aber auch ein Netzhemd stricken – auf dicken Nadeln. Ein T-Shirt drunterziehen, damit es nicht zu sehr kratzt.

Gestrickte Alltäglichkeiten…

Die besten Tips rund ums Kind

Welcher Pullover darf's sein?

● Fragen Sie Ihren Sohn oder Ihre Tochter lieber vorher, welchen Pulli Sie stricken dürfen. Sie könnten sonst eine herbe Enttäuschung erleben, wenn das Kind nach mühevoller Arbeit feststellt: Den Pulli mag ich nicht anziehen, der gefällt mir nicht und außerdem kratzt er ganz scheußlich. Ab vier hat ein Kind eigene modische Vorstellungen, die sich leider nicht immer mit den Ihren decken.

● Wurde von Ihrem älteren Sohn der liebevoll gestrickte Pulli abgelehnt, verzweifeln Sie nicht. Ich habe das bei meinem eigenen Sohn erlebt. Und so habe ich das Gebilde meiner zweijährigen Tochter als Kleid angezogen. Sie hat sich nicht gewehrt – noch nicht!

Das Pullikleid

● Kleine Mädchen wachsen schnell – und ein gestricktes Kleidchen ist ein kurzes Vergnügen. Stricken Sie statt eines Kleidchens lieber einen langen Pulli – dieses Pullikleid wächst mit, die Ärmel können Sie von Saison zu Saison länger stricken.

Im Kampf mit den Flecken

● Ehe Sie mit der Arbeit beginnen, denken Sie daran, so ein Kinderpulli muß viel aushalten. Er muß Flecken aus Kakao, Schokolade, Lakritz, Limonade überstehen. Wählen Sie deshalb eine pflegeleichte Wolle, die unbeschadet unzählige Wäschen mitmacht.

● Bringen Sie Leben und Farbe ins Gestrick, damit etwaige Flecken nicht so hart auffallen.

Praktisch ist am schönsten

● Verkünsteln Sie sich nicht an Kindersachen, nur weil die Kleinen darin allerliebst aussehen. Ein gestricktes

Kleidchen für ein kleines Mädchen, das noch nicht richtig laufen kann, sieht zwar süß aus – aber nur, wenn Sie das Baby auf dem Arm tragen. Wenn es durch die Wohnung robbt, ist die gestrickte Herrlichkeit schnell zum Teufel.

- Kinder – egal welchen Alters – lieben praktische Kleidung. Bestimmt keine Prachtstücke, die die Eltern zu ständiger Ermahnung: Paß auf! Mach dich nicht schmutzig! anregen. Kinder mögen Sachen mit Phantasie.

Bestickte Stricksachen

- Stricken Sie einen unifarbenen Pulli – und sticken Sie darauf Motive, die Sie mit Ihrem Sohn/Ihrer Tochter zusammen entwerfen.
- Wenn Sie keine Phantasie haben, verlassen Sie sich auf die Einfälle der Kinder. Tiere zum Beispiel sind ein be-

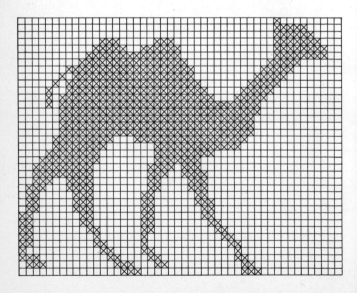

liebtes Motiv. Konzipieren Sie das gewünschte Tier auf kariertem Papier – so, wie das Kamel, – jedes Kreuz im Karo ist ein Maschenstich.

- Wenn Sie Gestricktes mit einem Maschenstich besticken, sieht das genauso aus, als wäre das jeweilige Motiv eingestrickt. Nur: Besticken ist einfacher als Einstricken. Sie können damit nachträglich auf jeden Pulli phantastische Muster zaubern. Geeignet sind glattgestrickte Stücke.

Und was Sie da alles zaubern können: Eistüten, Landschaften, Häuser, Autos, Blumen, Bäume, Donald Duck – Sie wissen bestimmt gar nicht, was für eine Künstlerin in Ihnen steckt. Ihre Kinder werden stolz auf Sie sein!

Der Wolkenpullover

Einen Pullover, auf dem sich große und kleine Wolken und Schneekristalle tummeln, liebt Ihr Kind bestimmt auch. Zugegeben, er macht Arbeit – ist jedoch leicht nachzustricken, denn Sie brauchen sich nicht sklavisch an eine Anleitung zu halten, Sie können die Form und Anzahl der Wolken ja während des Strickens selbst gestalten. Die Mühe lohnt sich. Sie können sich die Arbeit ein bißchen erleichtern, wenn Sie den Rücken unifarben blau stricken.

So wird's gemacht

Vorder- und Rückenteil sind beide glatt hochgestrickt, ohne Armlöcher, der Pulli darf ja ruhig lässig fallen. Die Wolken werden in die Streifen eingestrickt, die in vier verschiedenen Blautönen gearbeitet werden – an-

103

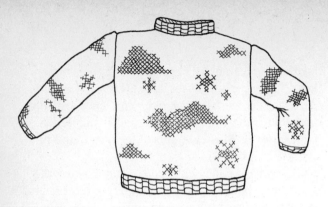

gefangen mit ganz hellem Blau bis zu Dunkelblau. Wichtig bei diesem Pulli sind zwei Dinge:

1. Daß die Übergänge von einem Blauton in den anderen nicht schnurgerade werden, sondern unregelmäßig.

2. Daß die Fäden, die beim Stricken hinter den weißen Wolken vorbeigeführt werden, locker bleiben – sonst zieht der wunderschöne Pulli sich unschön zusammen. Wie die Fäden verkreuzt werden, finden Sie auf Seite 77 genau beschrieben.

Und wenn der Sohn, die Tochter von dem Pulli begeistert ist, wer weiß, vielleicht bekommen Sie Lust, auch einen für sich selbst zu stricken. Sowas steht nämlich auch Müttern!

**Der Poncho, beliebt bei kleinen
und großen Kindern**

So wird's gemacht

- Der Poncho ist nichts weiter als ein Quadrat, das aus 5 x 5 Feldern, jedes 12 cm groß, besteht. (Diese Größe

104

ist geeignet für 3-4jährige.) Das Quadrat in der Mitte bleibt für den Halsausschnitt frei, das zum Schluß mit einem Stehbündchen eingefaßt wird.

- Sie können die Quadrate einzeln stricken und aneinandernähen.
- Sie können das Ganze aber auch in einem Stück arbeiten – die Fäden dabei immer sorgfältig verkreuzen.
- Hübsch sieht so ein Poncho in Naturfarbener Wolle aus – aber lassen Sie ruhig Ihrer Phantasie freien Lauf!

Pollunder
- Pollunder halten Brust und Rücken warm – und sind dennoch luftig, denn Kinder sind ständig in Bewegung und es ist ihnen meistens zu warm.
- Außerdem kann da bestimmt nichts kratzen, denn zum Drunterziehen gibt's ja ein T-Shirt, ein Hemd oder eine Bluse.

105

Und so wird's gemacht

Hier ein Vorschlag – das Treppenmuster, egal in welchem Farbwechsel, soll nur eine Anregung sein. Für die verbreiterte Schulter, je nach Wollstärke, 6 – 8 Maschen auf einmal anschlagen. Der Witz bei diesem Stück: Es wurde sichtbar von rechts zusammengehäkelt.

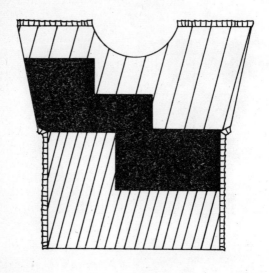

Wollschal
- Stricken Sie aus weicher Wolle einen Schal von höchstens 10 cm Breite und einem halben Meter Länge – das ist bequem und quält nicht und hält auch warm.

Was kleine Kinder nicht mögen
- Dicke, breite Wollschals und Handschuhe.

Ersatzhandschuhe

- Stricken Sie schmale Stulpen, die ein kleines Loch für den Daumen haben und so hoch sind, daß die Fingerspitzen rausgucken. Diese »Ersatzhandschuhe« sind zwar nicht für sibirische Kälte geeignet, aber warm halten sie schon. Und sie haben einen Vorteil: das Kleinkind behält sie an – im Gegensatz zu normalen Handschuhen.

Kinderärmel schnell zu reparieren

- Die Ärmel in Kinderpullover immer einstricken. Nehmen Sie die Maschen an der Armkugel auf und stricken Sie nach unten. Das hat einen guten Grund. Kinderärmel scheuern schnell durch – so können Sie leicht auftrennen und wieder neu anstricken.
- Umhäkeln Sie die Ärmelränder mit zwei, drei Reihen fester Maschen. Sind die Ärmel abgestoßen oder zu kurz geworden, können Sie das Gehäkelte leicht auftrennen und wiederum neu anstricken.
- Ellbogenschoner gleich mit in den Pulli einarbeiten. Stricken Sie ein Viereck aus der gleichen Wolle und nähen Sie es innen mit unsichtbaren Stichen fest.

Bart ab…

Aus alt mach neu

Der Pullover gefällt nicht mehr

Das kennen Sie: Ein mühevoll gestrickter Pullover, eine Jacke, ist Ihnen langweilig geworden – sei es, daß die Form nicht mehr stimmt, die Mode sich geändert hat – oder Sie haben sich an dem guten Stück einfach sattgesehen. Was tun?

Auftrennen

- Sie können auch zehn Jahre alte Stricksachen aufrubbeln und neu verarbeiten.
- Zerlegen Sie das gute Stück zuerst einmal in Einzelteile, schneiden Sie den unteren Rand des Bündchens mit der Schere ab – so geht's am leichtesten zum Auftrennen.

Aufgetrenntes – neu zubereitet

- Wickeln Sie die aufgetrennte Wolle über ein Holzbrettchen, zu Strängen abbinden, und alles mit einem Feinwaschmittel waschen. Anschließend gut spülen. Hängen Sie nun die Wollstränge an die frische Luft, nicht in die Sonne! Beschweren Sie sie zusätzlich mit Gewicht.
- Oder: wickeln Sie die aufgetrennte Wolle um das Bügelbrett und bügeln Sie die Wolle vorsichtig mit dem Dampfbügeleisen oder einem feuchten Tuch wieder auf. Nicht zu heiß, sonst verfilzt die Wolle. Ist die Feuchtigkeit aus der Wolle gewichen, wickeln Sie sie zu lockeren Knäueln wieder auf – fertig ist sie zum Verstricken.
- Sie können auch einen Drahtkleiderbügel zu einem Rechteck biegen. Wickeln Sie die aufgetrennte Wolle drüber und machen Sie eine Dampfbehandlung – lassen Sie heißes Wasser laufen, durch den Dampf wird die Wolle »entwellt«.

Aus alt mach neu

- Arbeiten Sie den Pullover zu einem Pollunder um. Ärmel raustrennen und an das Armloch eine farblich passende Blende dranstricken.

- Versuchen Sie bitte nie, an ein schon getragenes Strickstück mit der gleichen Wolle anzustricken – der Farbunterschied wird immer sichtbar sein und dann sieht es gefummelt aus.

- Stricken Sie mit Kontrastfarben Neues dran! Genauso gut können Sie natürlich aus einer Jacke eine Weste machen, indem Sie die Ärmel heraustrennen und eine Blende anstricken.

- Versuchen Sie, für die Blende die gleiche Wollstärke zu kriegen und passen Sie auf, daß die Blende nicht zu eng wird. 1 Randmasche entspricht einer Masche für die Blende.

- Ist die Wolle wirklich dünner, sollten Sie in eine Randmasche zwei Maschen stricken.

Verlängern

- Das gesamte Bündchen, sofern vorhanden, abschneiden.

- Masche für Masche aufnehmen. Das erfordert ein wenig Sorgfalt, damit nicht zu viele Maschen fallen.

- Wenn Sie alle Maschen auf der Nadel haben, einen trennenden Farbstreifen dazwischenstricken – wegen der optischen Wirkung – und dann im gleichen Muster, eventuell in der gleichen Farbe weiterarbeiten.

- Wenn Sie zum Bündchen kommen, dann passen Sie beim Abketten auf, daß Sie die Maschen ganz locker über die Nadel ziehen – sonst wird der Pulli unten zu eng. Denn Sie sind ja dieses Mal den umgekehrten Weg gegangen, Sie haben die Strickarbeit nicht mit dem

110

Bündchen begonnen, Sie haben mit dem Bündchen aufgehört.
- Zum Abketten dickere Nadeln benutzen.

Kürzen
- Schneiden Sie Ihr Strickstück einfach ab.
- Vorsicht: Setzen Sie die Schere zwei oder drei Zentime-
ter vor der gewünschten Stelle an, vielleicht schneiden
Sie nicht schnurgerade, und bis Sie die Fäden herausge-
zogen und alle Maschen auf eine Reihe gebracht haben,
verkürzt sich Ihr Teil immer mehr.
- Masche für Masche sorgfältig auf die Nadel heben, da-
mit keine davonläuft.
- Haben Sie alle Maschen auf der Nadel, dann stricken
Sie ein neues Bündchen dran – oder Sie ketten die Ma-
schen gleich ab – wie es Ihnen besser gefällt.
- Das Abketten muß locker sein.

Die Bündchen an Ärmel und Taille

- Ist das Bündchen an der Taille ausgeweitet? Es wird wieder enger, wenn Sie den Rand unten mit festen Maschen umhäkeln. Messen Sie Ihre Hüftweite und bringen Sie den Pulli auf dieses Maß. Er sitzt dann eng um die Hüften und die übrige Weite stört nicht mehr.
- Enger wird Ihr Bündchen an Ärmel und Taille, wenn Sie bei eins rechts, eins links – zwei rechts, zwei links gestrickt die Rippen als Biesen mit kleinen Steppstichen abnähen. Und hübsch sieht es außerdem noch aus.

Abschneiden

- Es gibt natürlich noch eine viel rigorosere Methode, zu weite Pullis enger zu machen. Sie werden es nicht glauben, aber ich habe Pulloverteile schon der Länge nach abgeschnitten.
- Den Pulli in Einzelteile zerlegen und am Rand die gewünschten Zentimeter abschneiden. Vorsicht, auch hier wieder zwei bis drei Zentimeter Zugabe – denn Sie brauchen ein bißchen längere Querfäden, die dann jeweils zwei und zwei miteinander verknotet werden. Anschließend den Pulli wieder zusammennähen.
- Auf diese Art und Weise können Sie natürlich auch Ärmel schmäler schneiden.

Weiter machen

- Stricken Sie einen farblich passenden Keil für den Ärmel oder Seite. So bekommt Ihr Pulli einen völlig neuen Schnitt und ein ganz anderes Aussehen.
- Auch Jacken können Sie erweitern, indem Sie zum Beispiel passende Blenden stricken. Am einfachsten ist es, wenn Sie einen langen Streifen in der gewünschten Breite stricken und den an den offenen Seitenteilen annähen.

112

- Die alten Knopflöcher verschließen – wenden Sie einen Stickstich an, man darf das ruhig sehen.
- Oder sticken Sie ein Blümchen drum rum – warum nicht?

Knopflöcher
In die neugestrickte Leiste arbeiten Sie neue Knopflöcher ein.

Waagrechte Knopflöcher

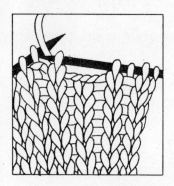 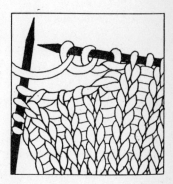

- Für das Knopfloch zwei oder mehr Maschen, je nach Stärke der Wolle und nach Größe des Knopfloches – abketten und in der nächsten Reihe dieselbe Maschenanzahl über den abgeketteten Maschen zunehmen.
- Aufpassen, daß die aufgenommenen Maschen fest angezogen werden, sonst wird das Ganze zu locker.
- Für kleine Knöpfe genügt es, zwei Maschen zusammenzustricken und einen Umschlag zu machen.

Senkrechte Knopflöcher
- Für senkrechte Knopflöcher teilen Sie die Arbeit und stricken Sie ein paar Reihen getrennt hoch.
(Siehe Abbildung auf der nächsten Seite)

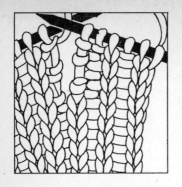 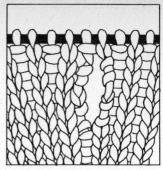

Der Halsausschnitt

- Damit die neue Wolle optisch nicht so hervortritt, umhäkeln Sie noch den Halsausschnitt neu.
- Stricken Sie ein Viereck, ein Rechteck oder einen Kreis
  und nähen Sie den Fleck – oder auch zwei – als Taschen
  auf die Jacke – so stellen Sie die Verbindung zu den an-
  dersfarbigen Blenden wieder her.

Flicken zaubern ein neues Gesicht

- Sie können mit gestrickten und aufgenähten Flecken in
  allen Formen und Farben Ihrem alten Pulli ein neues
  Gesicht zaubern.
- Überlegen Sie mal, was Sie da alles machen können?
  Eine gestrickte Sonne, Wolken, Rauten, einen roten
  Kreis mit weißem Strich – Halt! Durchfahrt verboten! –
  Vierecke, kleine und große aneinandernähen – Kreise,
  Ringe, Streifen – na, bekommen Sie nicht sofort Lust
  loszulegen?
- Es muß nicht unbedingt Gestricktes sein, womit Sie
  Ihren Pullover, die Jacke aufmöbeln. Sie können alles
  Mögliche dazu verwenden: Fellstreifen, Perlen, Paillet-
  ten in allen Farben, aber auch Lederflecke und Stoffre-
  ste – damit können Sie wundervolle Muster kreieren –

114

graphische Anordnungen, aber auch richtige Gemälde
– Landschaften, Bäume. – Ich will Ihnen absichtlich
hier nichts vorzeichnen. Ich will Sie dazu anregen, Ihre
eigene Phantasie spielen zu lassen.

- Beschäftigen Sie sich mal mit einem alten Pulli und
  Stoffresten und den Tips, die ich Ihnen an die Hand ge-
  be. Sie werden sehen, es fällt Ihnen etwas ein, daß Sie
  dabei überhaupt keine Phantasie entwickeln, das gibt's
  gar nicht! Und es macht Spaß. Egal, wie Sie Ihren Pulli
  verändern, es ist Ihr Werk, es ist Ihr ganz individueller
  Geschmack – und Sie können sicher sein, keine andere
  Frau läuft damit herum. Was Sie tragen, ist garantiert
  ein Einzelstück – Ihr Werk, auf das Sie stolz sein können!

Halstücher schmücken

- Oft »verändert« sich so ein langweilig gewordener Pulli
  auch mit einem ganz simplen Kniff: Tragen Sie ein Tuch
  dazu – egal ob aus Seide, Wolle oder extra von Ihnen
  dazu gestrickt – farblich passend oder im Kontrast.

Umfunktionieren

- Sie können bestimmte Dinge aber auch ganz einfach
  umfunktionieren und ihnen damit ein neues Gesicht
  verleihen.
- Ziehen Sie Ihre Strickjacke mit V-Ausschnitt, oder run-
  dem Ausschnitt, doch einfach mal verkehrt herum an –
  so wird ein raffinierter Pulli draus.
- Pollunder mit V-Ausschnitt lassen sich durch diesen
  kleinen Trick ebenfalls verändern.
- Wenn's sich anbietet und die Stricksachen lang genug
  sind, tut ein Gürtel in der Taille noch ein Übriges.

Ausschnitte

- Gefällt Ihnen die Form des Ausschnitts nicht mehr, dann häkeln Sie ihn doch einfach zu.
- Oder stricken Sie einen Keil in der Form des Ausschnitts, nähen Sie ihn ein, Sie können dann entweder einen Stehkragen dranstricken, oder einen Rollkragen. – Unifarbene, langweilige Pullover kann man damit herrlich aufmotzen!

Noch mehr Veränderungen

- Herausgetrennte Ärmel von Pullovern zum Beispiel müssen Sie nicht nutzlos rumliegen lassen: Mit einem Bündchen oben drangestrickt, können Sie diese als modische und wärmende Stulpen über Hosen und Strumpfhosen tragen.
- Sind Ihre alten Wollsocken oder Kniestrümpfe an Ferse und Spitze zerlöchert? Nicht wegwerfen. Bündchen abschneiden, mit der Nähmaschine oder mit der Hand umsäumen – der übriggebliebene Schlauch eignet sich prima für Sie im Winter als Pulswärmer unter den Mantel – für Kinder sind es wärmende Stulpen über oder unter den Jeans.

116

Bestrickt und eingewickelt...

*Männer plaudern aus ihrem
Strickkästchen*

Das Extra-Kapitel für ihn...

- ... das aber auch Sie, liebe Leserin, nicht überblättern sollten!

Leider gibt uns die Statistik noch keine Auskunft darüber, wie viele strickende Männer es gibt. Eine Erhebung wäre sicher sehr schwierig. Es werden keine Strickkurse für Männer veranstaltet – weder an Volkshochschulen noch an anderen Bildungsstätten. Man sieht sie nicht strickend in der Öffentlichkeit. Denn: und das ist der wichtige Tip, für Sie, lieber Mann, der Sie die Kunst des Strickens erlernen und ausüben wollen:

- Stricken Sie nie in der U-Bahn, im Bus – üben Sie diese Kunst hinter verschlossenen Türen aus.

Viele Ihrer Geschlechtsgenossen sind noch nicht so emanzipiert, um Ihr Hobby richtig zu verstehen. Wir Frauen sind in diesem Punkt viel emanzipierter. Keine von uns würde einen Mann mit Stricknadeln in der Hand belächeln.

Im Gegenteil: Ich erinnere mich da an einen Urlaub in Griechenland. Am Strand tauchte ein junger Mann auf – weder besonders schön, noch besonders groß, noch besonders gut gebaut. Das Besondere an ihm: Er war bewaffnet mit Stricknadeln und trug bei sich jede Menge Wolle, die man in Griechenland in den wunderschönsten Farben preiswert zu kaufen bekommt. Er saß noch keine fünf Minuten allein am sonnigen Sandstrand – schon hatte sich die erste Bikini-Schönheit zu ihm gesellt, um Strickmuster und Erfahrungen mit ihm auszutauschen. Und es dauerte keinen halben Tag, da war er umringt von attraktiven weiblichen Wesen jeden Alters, die mit ihm über das gemeinsame Hobby Stricken plauderten. Und irgendwann – da bin ich ganz sicher – wird der junge Mann bei der einen oder anderen inter-

118

essierten Dame das Strickzeug beiseite gelegt haben, um zwischenmenschliche Erfahrungen auszutauschen.

Sie sehen also, lieber Leser, die linken und die rechten Maschen können auch die richtige Masche bei den Mädchen sein. Allerdings erntete der Don Juan mit dem Strickzeug auch viele mitleidige Blicke von seinen Geschlechtsgenossen und wurde vielfach als »unmännlich« bespöttelt.

Es ist schon erstaunlich: In einer Zeit, in der das Idealbild vom Mann sich zu wandeln beginnt, in der ein Mann nicht immer nur stark sein muß, sondern auch Gefühle zeigen darf, zärtlich sein darf, weinen darf – darf er etwas immer noch nicht, nämlich typisch weibliche Tätigkeiten ausüben. Das macht ihn verdächtig. Und das Handwerk Stricken, gewachsen aus jahrtausendelanger Tradition – die Muster wurden von Generation zu Generation überliefert – ist ein Handwerk, das in unserer Kultur immer von Frauen ausgeübt worden ist (mit Ausnahme der Schäfer). Stricken war schon deshalb eine typisch weibliche Tätigkeit, weil dazu wenig Muskelkraft erforderlich ist. Und trotzdem gibt es Männer mit erheblichen Muskeln, die keinen Respekt mehr vor typisch weiblichen Bereichen haben. Sie setzen sich einfach hin und stricken.

Ich habe mit acht Männern in einer Strickrunde zusammengesessen. Mit ihren Tips und Tricks wollen diese Männer Sie, lieber Leser, ermutigen, auch mal zu den Stricknadeln zu greifen. Stricken ist eine kreative Tätigkeit. Frauen mögen kreative Männer. Drum: Laßt mehr Männer an die Wolle!

Und noch eine gute Seite hat die Strickerei: Sie lenkt vom Rauchen ab. Wenn Sie aufhören wollen zu rauchen, fangen Sie an zu stricken!

Der erste gutgemeinte Ratschlag von der männlichen Strickrunde an Sie, lieber Leser: Lassen Sie sich von den rüden Bemerkungen Ihrer Umwelt nicht den Strickspaß verderben.

Ulli, ein 19jähriger Schüler berichtet: »Ich wurde von einer Bedienung schon mal unhöflich aus einem Café hinauskomplimentiert, bloß weil ich am Tisch gestrickt habe. Und der Zugschaffner, der jeden Morgen auf dem Weg zur Schule in der Bahn meine Fahrkarte kontrollieren sollte, hat vor Aufregung immer nur auf meine Hände, die das Strickzeug hielten, gestarrt.«

Auch *Karl-Heinz*, ein 29jähriger Student hatte in der S-Bahn ein Schock-Erlebnis: »Als ich mein Strickzeug rauszog, setzte sich der Mann, der neben mir saß, auf einen anderen Platz – mit verächtlichem Seitenblick auf mich.«

Mario, 20, von Beruf Spengler, bekennt, daß er seelisch nicht so stabil ist, um die diskriminierenden Blicke seiner männlichen Mitfahrer in der S-Bahn zu ertragen.

Thomas, ein 23jähriger Dreher kam sich selber eher komisch vor, als er strickend in einer Kneipe saß. »Einmal und nie wieder!«

Klaus, 32, der auf dem zweiten Bildungsweg das Abitur macht und nebenbei als Taxifahrer jobbt, hat versucht, die Wartezeiten zwischen den Kunden mit Stricken auszufüllen. »Die Hänseleien der anderen Fahrer haben mich so entnervt – ich hab's aufgegeben.«

Christian, ein 21jähriger Gärtner, wird wegen seines Hobbys sogar von seiner Familie komisch beäugt. »Mein Vater und die Großmutter finden meine Strickerei verwunderlich und sagen, ich soll doch nicht so spinnen.«

Lorenz, 23, Künstler: (Alles, was ich mache ist brotlos)
– wünscht sich mehr Kontakte durch Stricken. »Schade,
daß es keine Männer-Strickkurse gibt.«

Nur *Michael,* ein 26jähriger Bankkaufmann, hat keine
Probleme beim Stricken in der Öffentlichkeit. »Im Zugabteil bin ich sofort im Gespräch mit anderen Strickfans
– natürlich ausschließlich Frauen.«

Aber einhellig sind alle der Meinung: Stricken macht
Spaß.

Tips für Strickinteressierte Männer
- Lassen Sie sich die Grundbegriffe des Strickens von der
  Mutter, der Oma, der Tante, der Freundin, der Liebsten zeigen. Und dann einfach drauflos stricken.
- Vergessen Sie komplizierte Muster und Strickanleitungen. Wenn Sie Grundbegriffe intus haben, dann lassen
  Sie mal Ihre Phantasie mit sich durchgehen.

Eine Idee von Thomas
- »Stricken Sie mit genoppter Wolle in den Farben rot,
  blau, weiß, gelb ein Muster, gerade so, wie es Ihnen in
  den Sinn kommt. Das heißt: Stricken Sie mal 16 linke
  Maschen, dann fünf rechte, dann wieder zehn linke –
  das hört sich verrückt an, sieht aber echt toll aus! Das
  geht aber nur mit Noppen-Wolle.«

Ullis Phantasie-Pullover
- Er hat ein wahres Wunderwerk an Pullover geschaffen
  mit Phantasie-Mustern, zu denen ihn seine Umgebung
  inspiriert hat – die Landschaft beim Busfahren, ein Pau-

121

senzeichen im Fernsehen. »In diesem Pullover stecken viele, viele Gefühle, traurige sowie fröhliche, und unzählige Stunden Arbeit (so ein Stück ist auch für mich nicht wiederholbar).«

- Oder: »Motzen Sie einfarbige und langweilige Pullover mit einem ganz simplen Trick auf: Ich stricke Streifen, 5 Maschen breit, in den knalligsten Farben, wie pink, weiß, gelb, und nähe sie dann beliebig auf den Pullover auf.«

Christians Tip
Christian hat zwei Schwestern, die ihm das Stricken beigebracht haben. Am liebsten strickt er für andere, zum Beispiel für seine kleinen Nichten.

- »Für die Pullis oder Pollunder der Kleinen suche ich mir Motive von Bildern, Postern, Plakaten. Die male ich dann ab, oder wenn es geht, pause ich sie durch, und sticke sie dann drauf.« (Wie das Draufsticken genau vor sich geht, wird im Kinderstrickteil erklärt.)

Mario probiert
Seine Mutter hat ihm das Stricken gezeigt und Mario hat festgestellt: »Mich beruhigt stricken nur, wenn's läuft, wie ich mir das vorgestellt habe. Wenn's zu schwierig wird, macht mich das Ganze nervös.« Sein Meisterwerk ist eine Zipfelmütze, die er unzählige Male aufgetrennt hat und es ist heute noch für ihn »wie ein kleines Wunder, daß sie doch noch etwas geworden ist«.

- Also: Niemals die Geduld verlieren

So wird's gemacht

Übrigens, die Mütze wurde nicht mit der Rundnadel gestrickt, sondern auf zwei Nadeln, angefangen mit dem
Kopfteil. Dazu den Kopfumfang messen, und anhand
einer Maschenprobe ausrechnen, wieviel Maschen auf-
zunehmen sind. Die gewünschte Länge der Mütze aus-
messen, eine Zeichnung anfertigen, und anhand der
Zeichnung jeweils die Maschen abnehmen.

Zipfelmütze

Wichtig ist, daß der Zipfel der Mütze lang und schmal
ist. Nach Fertigstellung der Arbeit die Mütze zusammennähen, der bunte Bommel am Ende gehört natürlich unbedingt dazu.

Zwei gleich große, runde Pappscheiben zuschneiden, in der Mitte ein größeres Loch lassen. Die Pappscheiben an einer Stelle einschneiden, damit man den Faden durchschieben kann. Denn die beiden zusammengelegten Pappscheiben werden nun mit Wolle umwickelt, so-

Der Bommel

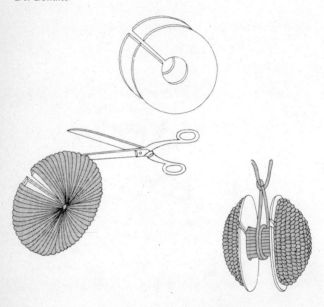

lange, bis das Loch in der Mitte ausgefüllt ist. Dann werden alle Wollfäden in der Mitte der beiden Pappen am Rand durchgeschnitten, die Kreise ein bißchen auseinanderziehen, den Bommel mit einem längeren Faden zwei- bis dreimal umwickeln, dann die Pappringe entfernen, annähen, fertig.

Karl-Heinz strickt den Pullover für Sie und Ihn

Karl-Heinz, der die Begabung zum Stricken bereits mit der Muttermilch eingesogen hat – »meine Mutter hat genäht und gestrickt und ich habe ihr dabei geholfen« – hat folgenden heißen Tip:

- »Stricken Sie einen Pullover für Ihre Freundin und Sie werden damit ganz groß rauskommen. Wenn Sie clever sind, stricken Sie den Pullover für die Freundin so geräumig, daß er Ihnen auch paßt – und dann tragen Sie das gute Stück abwechselnd.«

Die heiße Idee von Lorenz

Lorenz, der »brotlose« Künstler, hat das Stricken in der Schule gelernt. Sein besonderer Tip:

- »Normale Ärmel in einem Pullover langweilen doch nur. Viel witziger sieht es aus, wenn Sie einen schmalen Ärmel stricken, den aber nicht zusammennähen, lassen Sie ihn offen. Setzen Sie den Ärmel flach in die Armkugel ein und nähen Sie nur das Bündchen am Handgelenk zusammen. Ansonsten flattert er lustig durch die Gegend.
- Wenn Sie keine Lust haben, einen zweiten Ärmel zu stricken? Wissen Sie was, dann lassen Sie den doch einfach weg.«

Michaels Pullover

Michael ist ein wahres Genie, eine Doppelbegabung. Denn er ist nicht nur in der Lage, traumhafte Muster zu erfinden, er ist auch in der Lage, genau anzugeben, wie sie nachgearbeitet werden. »Ich bin eben nicht nur künstlerisch, sondern auch mathematisch begabt«, sagt er. »Stricken können ist eine Sache, eine ganz andere aber ist es, diese Muster dann auszuzählen und umzusetzen. Er hat einen Pullover erfunden, der mit der

Rundnadel gestrickt wird und der – lesen und staunen Sie – beidseitig, also links wie rechts, zu tragen ist. Sollten Sie, lieber Stricker, noch nicht reif genug sein, sich an ein solch schwieriges Werk zu wagen, findet sich vielleicht in Ihrer Umgebung ein freundliches, weibliches Wesen, das bereit ist, diesen Pulli für Sie nachzuarbeiten. Es lohnt sich.

So wird's gemacht

Materialverbrauch ca. 650 Gramm Wolle, am schönsten sieht der Pullover in drei Blautönen aus: dunkelblau, hellblau, mittelblau, Sie brauchen dann vom Dunkelblau 250 Gramm, von den beiden anderen Farben, jeweils 200 Gramm – aber selbstverständlich können Sie auch andere Farbtöne mischen. Die Stärke der Wolle sollte für Nadelstärke 3,5 und 4 geeignet sein.

Vorder- u. Rückenteil: 228 M. mit Nadeln 3,5 anschlagen. Nach dem 8 cm hohen Bündchen verteilt 28 M. zunehmen. Die Maschenzahl muß durch 4 teilbar sein. Mit Nadeln Nr. 4 weiterarbeiten.
1. Rd.: nach dem Bund in gleicher Farbe 1 glatt re. stricken. **2.–5. Rd.:** mit Farbe 2 glatt re. stricken. **6. Rd.:** mit Farbe 3 stricken. * 3 Maschen re. stricken, 4. Masche läßt man über alle Runden der Farbe 2 hinunterfallen und nimmt die 1. M. der Farbe 1 und die 4 Fäden der Farbe 2 auf die Nadel und strickt sie als 1 M. re. zusammen. Diesen Vorgang ab * 3. Ma. rechts bis 1 M. re. zusammenstricken wiederholen.. **7.–9. Rd.:** mit Farbe 3 glatt re. stricken. **10.–13. Rd.:** mit Farbe 1 glatt re. stricken. **14. Rd.:** mit Farbe 2 stricken. * 3 Maschen rechts stricken, 4. M. läßt man über alle Runden der

Farbe 1 hinunterfallen und nimmt die 1. M. der Farbe 3 und die 4 Fäden der Farbe 1 auf die Nadel und strickt sie als 1 M. re. zusammen*. Ab * wiederholen. **15.–17. Rd.:** mit Farbe 2 glatt re. stricken. **18.–21. Rd.:** mit Farbe 3 glatt re. stricken. **22. Rd.:** mit Farbe 1 stricken. * 3 M. re. stricken, 4. M. läßt man über alle 4 Runden der Farbe 3 hinunterfallen und nimmt die 1. M. der Farbe 2 und die 4 Fäden der Farbe 3 auf die Nadel und strickt sie als 1 M. re. zusammen*. Ab * wiederholen. **23.–25. Rd.:** mit Farbe 1 glatt re. stricken. **26. Rd.:** wieder anfangen mit 2. Runde. In 50 cm Höhe mit dem Armloch beginnen, dann nach Schnitt oder altem Pullover weiterarbeiten.

Ärmel: Bündchen in gewünschter Weite anschlagen (am bereits gestrickten Teil abmessen). Nach Schnitt weiterarbeiten.

Fertigstellung: Vorsichtig von links dämpfen, Schulter- und Ärmelnähte schließen, Ärmel einsetzen. Aus dem Halsloch Maschen aufnehmen und das Bündchen strikken.

Klaus kann nur rechte Maschen stricken

Klaus, ein absolutes Greenhorn, ein Neuling, ein Einmalstricker hat ein beachtliches Werk zustande gebracht: einen Troyer (Seemannspullover) aus grauer, mittelstarker Wolle, der nur aus rechten Maschen besteht, bis auf die Bündchen, die sind eins links, eins rechts gestrickt.

»Und weil ich nur rechte Maschen kann, hat mir meine Freundin die linken gestrickt.« Der gemeinsame Pullover ist ein echtes Prunkstück geworden.

Und so wird's gemacht

Der Pullover muß geräumig sein. Vorder- und Rückenteile werden gerade hochgestrickt – ohne Armkugeln, die Ärmel werden nicht eingesetzt, sondern drangestrickt.

»Beim Abketten an den Schulternähten, beim Aufnehmen für die Ärmel, beim Zusammennähen hat mir meine Freundin geholfen. Vielleicht haben Sie ja auch so ein hilfreiches, weibliches Wesen zur Seite, das Ihnen die Hand beim Stricken führt!«

Rot wie die Liebe…

Die besten Tips zum Wollefärben

Naturfarben

Sind Ihnen Chemiefasern manchmal zu hell, zu grell, zu bunt? Greifen Sie zur Natur! Mit Brennesseln, Zwiebeln oder Walnußschalen können Sie wunderbare Farben zaubern.

- Nehmen Sie zum Färben nur reine Wolle, die keine Synthetikzusätze enthält – sonst funktioniert der Farbvorgang nicht.

- Was ist an pflanzlich gefärbter Wolle so Besonderes? Die pflanzlichen Farbstoffe färben die Wollfaser nicht so gleichmäßig wie Chemiefaser. Dadurch schimmert die Wolle unterschiedlich nach Tageszeit und sogar nach Jahreszeit.

- Und noch etwas: Die weichen Töne verbinden sich auf geheimnisvolle Art und Weise mit dem Teint, den Farben von Augen und Haaren. Farbtöne aus der Natur schmeicheln dem Gesicht. Natur macht schön.

- Naturfarben verändern sich im Laufe der Zeit, sie verblassen, manche Töne werden noch sanfter – eines passiert jedoch nie: im Gegensatz zu Chemiefasern werden diese pflanzlich gefärbten Töne nie verwaschen oder verblichen aussehen.

Vor dem Färben

- Ganz ohne Chemie geht es nicht. Die Wolle muß vor dem Färben gebeizt werden. Das hat einen guten Grund: Ohne Vorbeize nimmt die Wolle keine Farbe an.

- Für die Vorbeize haben Sie die Wahl zwischen drei verschiedenen Mitteln: Alaun, Eisensulfat, Kupfersulfat.

- Experimentieren Sie. Als Faustregel gilt: Kupfersulfat ergibt einen Rotstich, Eisensulfat für grünliche Farben, Alaun kräftigt die Farben.

- Legen Sie nie mehr als 150 bis 200 Gramm Wolle in das

130

Beiz- und Färbebad – zuviel Wolle ergibt keine schönen Farben.

- Nehmen Sie zum Färben helle Wolle – ohne Synthetikzusatz, das ist wichtig. Synthetik läßt sich nämlich nicht färben. Fragen Sie im Fachgeschäft danach.
- Benutzen Sie zum Färben einen großen Einmachtopf aus Emaille, Töpfe aus Metall können die Farben verändern. Das Gefäß sollte schon zehn bis fünfzehn Liter fassen.
- Lösen Sie die Beizmittel in einer kleinen Menge kochendem Wasser auf und schütten Sie den Sud in Ihr Färbegefäß. Soviel Wasser aufgießen, daß die Wolle bedeckt ist.
- Bei einer Temperatur von ca. 30 Grad die Wollstränge einlegen und das Ganze nun eine Stunde lang sanft kochen lassen.
- Achtung! Die Wolle beim Kochvorgang um Himmelswillen nicht bewegen, schütteln, umrühren. Die Wirkung wäre verheerend. Bei Bewegung verfilzt die Wolle nämlich total!
- Alaun, Eisensulfat und Kupfersulfat sind giftige Mittel. Gehen Sie vorsichtig damit um, wenn Kinder in Reichweite sind. Bewahren Sie die Beizen in einem verschlossenen Schrank auf.

Welche Farben die Natur Ihnen bietet:
- Blaue Zwiebelschalen = goldgelb
- Brennesseln = sanftes grün
- Birkenblätter = knallgelb
- Kastanienblätter = dunkelbraun
- frische grüne Walnußschalen = sattes Braun
- Schwarzer Tee = hell- bis mittelbraun
- Färberdistel = sanftes Gelb
- Löwenzahnwurzeln = lindgrün

- Blaubeeren = weiches lila
- Kaffeesatz = tiefbraun
- Henna = leuchtend orange
- Cochenille (gibt's in Kräuterläden) = rot
- Kamille = zartgelb
- Fragen Sie in Kräuterläden nach Kräutern, die sich eventuell zum Wollefärben eignen. Bestimmt kriegen Sie einen guten Geheimtip und experimentieren Sie selber. Sie können nämlich nichts falsch machen.

So wird gefärbt

- Mengenangaben für Blätter erübrigen sich. Merken Sie sich: Je mehr Blätter Sie auskochen, um so intensiver wird der Farbton.
- Eine Plastiktüte voller Birkenblätter ergibt einen wundervollen kräftigen Gelbton. Die Blätter gut vier Stunden köcheln lassen, kräftig ausdrücken und wegwerfen. Die Wolle in dem Sud kochen – auch da hängt die Kochzeit mit dem Farbwunsch zusammen. Je länger Sie kochen, um so intensiver der Farbton.
- Und – wie gesagt – die Wolle nicht bewegen.
- Nach dem Färben mit viel klarem kaltem Wasser spülen.
- Birkenblätter ergeben die schönsten Farben im Frühjahr.
- Kastanienblätter bringen braun im Herbst voll zur Geltung.
- Löwenzahnwurzeln ergeben ein wunderschönes lindgrün – dafür müssen Sie sich schon ein wenig plagen – die Wurzeln sitzen tief.
- Kaffeesatz bitte in ein Tuch wickeln. Auch hier wieder: Je mehr Satz Sie verwenden umso dunkler wird das Braun.

- Brennesselblätter zusammen mit Stielen zerkleinern zum Auskochen.

- Blaue Zwiebelschalen – wirklich Schalen, nicht Zwiebeln – ergeben den sanften schimmernden Gelbton.

- Natürlich macht das Selberfärben Arbeit, aber glauben Sie mir, wenn Sie sich einmal an die Sache gewagt haben, werden Sie bestimmt zur experimentierfreudigen Färbemeisterin. Ich kenne eine. Die Farben, die sie zaubert, sind individuell und so schön, wie man sie in keinem Geschäft zu kaufen bekommt. Ich bin sicher, Sie können das auch!

Schäfchenweich…

Die besten Pflegetips für Wollsachen

Pflegeleicht – was bedeutet das?

- Pflegeleicht heißt, daß es sich um ein Garn handelt, das sich leicht waschen läßt und schnell trocknet.

- Vorsicht: Nicht alle Garne aus synthetischen Fasern dürfen automatisch in der Waschmaschine gewaschen werden. Stecken Sie Ihr Strickstück nur dann in die Waschmaschine, wenn auf der Banderole ausdrücklich darauf hingewiesen wurde.

- Heben Sie bitte immer die Banderole und auch einen Wollrest auf. Denn nur wenn Sie Ihr Selbstgestricktes auch richtig pflegen, haben Sie lange Freude daran.

Pflegesymbole

Damit Sie auch bestimmt nichts falsch machen können, hier noch mal die Erklärung für die wichtigsten Zeichen:

   nicht waschen

   Handwäsche

   Maschinenwäsche
Schonprogramm mit Temperaturangabe

   nicht in der Waschmaschine waschen

   nicht dämpfen, nicht bügeln

135

geringe Temperatur

 mittlere Einstellung (Wolle, Seide)

 starke Einstellung (Baumwolle, Leinen)

 darf im Wäschetrockner getrocknet werden

 nicht im Wäschetrockner trocknen

Chemisch reinigen

 allgemein übliche Lösungsmittel

 Perchloräthylen oder Benzin

 nur Benzin

 nicht chemisch reinigen

Ist Wolle lichtecht?
Wolle ist ein tierisches Haar und kann im Gegensatz zu pflanzlichen Fasern (z. B. Baumwolle) nicht indan-

136

thren gefärbt werden. (Gleiches gilt für moderne Hand-strickgarne aus Kunstfasern.) Sie hat einen begrenzten »Lichtechtheitsgrad«.

- Bewahren Sie zart pastellfarbene oder weiße Garne, angefangene Handarbeiten und fertige Stricksachen im schützenden Dunkel eines Schrankes auf.
- Verarbeiten Sie weiße und pastellfarbene Garne nicht in der Sonne.
- Farbveränderungen an Ihren Stricksachen können verschiedene Ursachen haben. Sie hängen jedoch meistens mit dem Waschpulver zusammen: Es ist für farbige Stricksachen ungeeignet oder es wird falsch verwendet. Achten Sie darauf, daß Ihr Waschpulver oder Weichmacher keinen sogenannten »optischen Aufheller« hat.

Ausbluten

Keine Panik, wenn Ihr Strickstück Farbe verliert. Man spricht hier von »Ausbluten«. Garn braucht zum Einfärben nicht immer die gleiche Menge Farbstoff. Benötigt das Garn besonders wenig Farbe, um den gewünschten Farbton zu erreichen, dann bleibt der überschüssige Farbton außen an den Härchen hängen. Er wäscht sich später beim Waschen ab, läuft aus. Durch das Ausbluten verliert das Garn nichts von seiner Farbkraft. Generell neigen leuchtende Farben – darunter besonders Rot und Schwarz – mehr zum Ausbluten als hellere. Das beruht ganz einfach auf der optischen Wirkung: Wenn gelb oder beige ausläuft, erkennt man es entweder gar nicht oder kaum. Der Farbkontrast fehlt. Ausbluten kann man nicht verhindern.

- Versuchen Sie, die am Garn haftende, überschüssige Farbe bereits in der ersten Wäsche loszuwerden. Das heißt: so oft spülen, bis keine Farbe mehr ausläuft.

Farbecht?

Wenn Ihr Pullover einen kräftigen oder dunklen Farbton hat, dann Vorsicht bei den ersten Wäschen.

- Geben Sie in Lauge und Spülwasser einen Schuß Essig!
- Nehmen Sie reichlich Wasser!
- Waschen Sie jedes Strickstück allein!
- Mehrfarbige Teile nicht in der Lauge liegen lassen!
- Legen Sie vor dem Trocknen Tücher zwischen Rücken- und Vorderteil und in die Ärmel!
- Wenn Sie helle und dunkle Farben zusammen verarbeiten, bleiben bei richtiger Behandlung die Farbtöne Ihres Pullovers klar, auch wenn sich das Wasser verfärbt.

Wie Sie Stricksachen richtig behandeln

Ihr erstes Werk ist gelungen, Sie freuen sich über Ihren Erfolg. Oft folgt auf die erste Wäsche dann die herbe Enttäuschung: das gute Stück ist total verzogen, ausgeleiert oder sogar verfilzt. Das muß nicht sein. Ich möchte Ihnen deshalb gerne noch ein paar Tips geben, damit Ihrem guten Stück bei der Wäsche auch wirklich nichts passieren kann.

Vor dem Waschen

- Wenn Sie Sorge haben, daß sich Ihr Strickteil bei der Wäsche verzieht, dann messen Sie das Teil am besten vor der Wäsche in Länge und Breite aus.
- Nach dem Waschen können Sie es dann in den ursprünglichen Maßen zum Trocknen auslegen.

Richtig Einweichen

- Einweichen – das sollten Sie nie tun!
- Feuchten Sie Ihre Stricksachen nur in klarem, kaltem Wasser gut durch, bevor Sie sie in die Lauge geben.

138

Waschen

- Drehen Sie die Außenseiten Ihrer Stricksachen nach innen, wenn Sie sie mit anderen Textilien zusammen waschen, dann können sich andersfarbige Fasern nicht auf der Außenseite festsetzen und das Aussehen beeinträchtigen.
- In kalter oder handwarmer Lauge – nicht über 30 Grad – mit Feinwaschmitteln waschen.
- Nehmen Sie ein Feinwaschmittel ohne optischen Aufheller. Bei zu warmer Lauge oder zuviel Feinwaschmittel besteht bei Wollsachen Verfilzungsgefahr.
- Bei mehrfarbigen Stricksachen geben Sie am besten auch in die Lauge einen Schuß Essig.
- Nicht reiben, nicht bürsten – nur behutsam durchdrükken.
- Nicht wringen – nur kräftig ausdrücken.
- Nicht aus der Lauge ziehen, sondern mit beiden Händen daruntergreifen und herausheben.

Waschmaschine

- Maschinenwäsche nur dann, wenn es ausdrücklich erlaubt ist, d. h., wenn auf der Banderole das Symbol für »Waschmaschine« angegeben war.
- In jedem Fall bitte Schongang einstellen.

Spülen

- Aus der Lauge nehmen und sofort in reichlich Spülwasser legen, das wärmer als die Lauge ist.
- Mehrmals spülen, bis das Wasser klar bleibt.
- In das letzte Spülwasser einen Schuß Essig geben, das macht die Farben frisch.
- Einen Schuß Weichmacher (ohne optischen Aufheller) dazu, macht Ihre Stricksachen weich und gibt ihnen Faserschutz.

- Ist der Weichspüler ausgegangen? Geben Sie einige Teelöffel Glyzerin (gibt's in der Apotheke) ins lauwarme Wasser. Das macht Stricksachen weich – und verhindert Kratzen.

Vortrocknen
- Das ausgedrückte Teil auf trockenen Frottiertüchern ausbreiten, einrollen, ausdrücken oder leicht anschleudern.

Trocknen
- In jedem Fall das Strickstück auf ein Handtuch zum Trocknen legen.
- Bei empfindlichen Fasern oder reinem Weiß Innenseite nach außen wenden.
- Beim Trocknen mehrfarbiger Stricksachen stets Tücher zwischen Vorder- und Rückenteil und in die Ärmel legen.
- Vermeiden Sie auf jeden Fall starke Licht- und Sonnenbestrahlung.
- Stricksachen, auch aus synthetischen Garnen, zum Trocknen nicht aufhängen.

Pullover trocknen im Winter
- Trocknen Sie den frischgewaschenen Pullover nicht auf einer festen Unterlage, so kommt nicht genügend Luft dran. Legen Sie Ihr Gestrick auf eine Hängematte oder auf einen Wäscheständer – so kann die Luft besser zirkulieren.
- Während Ihre Wäsche im Wäschetrockner trocknet, können Sie gleichzeitig Stricksachen davon profitieren lassen. Legen Sie den nassen Pulli auf einem Handtuch auf den Trockner, die ausstrahlende Hitze hilft beim Trocknen.

- Schreiben Sie sich vor dem Waschen die wichtigsten Maße auf und legen Sie das vorsichtig ausgedrückte Strickteil auf ein Frottiertuch in die gleichen Maße zurück.

Dämpfen

- Bitte dämpfen Sie nur, wenn für das verarbeitete Garn kein Bügelverbot besteht und halten Sie sich genau an die vorgeschriebenen Einstellungen. Zuviel Hitze kann Ihren wertvollen, reinwollenen Pullover 'zum Filzen bringen.
- Das Bügeleisen sollte nie mit Druck aufgesetzt, sondern immer nur leicht über das feuchte Tuch geführt werden.
- Besonders bei plastischen Mustern das Bügeleisen nur so über das Tuch halten, daß lediglich der Dampf auf das Strickteil einwirkt.

Verfilzte Wolle

- Haben Sie die Wollsocken durch unsachgemäße Behandlung verfilzt, verzweifeln Sie nicht. Über Nacht kalt einweichen, und anschließend in heißer Waschmittellauge durchdrücken, heiß nachspülen, und die Socken noch mindestens einen halben Tag im Wasser liegen lassen. Sind die Socken noch feucht, vorsichtig bügeln und dabei in Form ziehen.
- Ist der Pulli verfilzt? Machen Sie einen Versuch mit einem guten Haarshampoo. Weichen Sie das verdorbene Stück in lauwarmem Wasser ein und geben Sie das Haarshampoo dazu. Wenn Sie Glück haben, macht das die Wollfasern wieder weich, und sie bekommen ihre ursprüngliche Form.

Aufbewahren

- Stricksachen nicht auf Kleiderbügel hängen.
- Lassen Sie Ihre Stricksachen nicht in der Sonne liegen. Empfindliche Farben, besonders Pastelltöne, können verschießen. Da meistens nur die obenaufliegenden Teile bestrahlt sind, kann Ihr Pulli »scheckig« werden.
- Absolut lichtechte, besonders sonnenlichtechte Wollfarben gibt es noch nicht – in keiner Färberei der Welt.

Schutz für weiße Wollsachen

- Weiße Wollsachen vergilben nicht, wenn Sie die Teile in blaues Leinen oder blaues Papier einwickeln und so aufbewahren.

Flecken

Ihr selbstgefertigtes Prunkstück hat einen Fleck. Sowas kann passieren. Ärgern Sie sich nicht. Probieren Sie nachstehende Fleck-weg-Tips aus.

Wichtig für die Fleckentfernung

- Weil einzelne Wollfarben gegen manche Chemikalien empfindlich sind, empfiehlt es sich, zunächst einmal an einer unauffälligen Stelle, eine Echtheitsprobe vorzunehmen.
- Befeuchten Sie die Stelle mit dem Mittel oder Lauge, die für die Fleckentfernung empfohlen wird und drücken Sie sie anschließend mit einem weißen, sauberen Tuch trocken. Wenn die Wolle dann nicht abfärbt, können Sie die Behandlung unbesorgt durchführen.
- Reinigen Sie das Gestrick vor der Fleckentfernung gründlich von Staub und Flecken.
- Unterlegen Sie die Stellen, die feucht oder naß behandelt werden, mit mehreren Schichten weißem Löschpapier.

142

Bier
- Mit einer Mischung aus gleichen Teilen reinem Spiritus und Wasser betupfen. Legen Sie das Gewebe dabei auf Fließpapier. Danach mit aufgelegtem Bügeltuch mit einem warmen Bügeleisen trocken dämpfen, wenn Dämpfen für die betreffende Qualität nicht ausdrücklich verboten ist.

Blut
- In klarem Salzwasser auswaschen oder damit beträufeln. Dann in lauwarmem, klarem Wasser auswaschen.

Eigelb und Eiweiß
- Sofort auftupfen, nicht verwischen. Den Rest im Gewebe trocknen lassen. Dann ausreiben und in lauwarmem, klarem Wasser auswaschen.

Fett, Öl, Ölfarben
- Bei frischen Flecken dick über den Fleck hinausgehend Puder, Kartoffelmehl oder weißes Tonpulver streuen und einige Stunden liegenlassen. Das Fett wird randlos aufgesogen.

Gras- und Blattgrün
- Mit 70%igem Alkohol auf saugender Unterlage (Fließpapier, weiches Tuch) austupfen, mit klarem Wasser nachwaschen.

Kaffee, Tee, Milch
- Befleckte Stelle auf Fließpapier legen und mit Glyzerin abtupfen (Glyzerin gibt's in der Apotheke). Eventuell genügt auch das Abtupfen mit Feinwaschmittel-Lösung. Mit handwarmem Wasser nachtupfen.

Milchkaffee, Kakao

● Befleckte Stelle mit einer Mischung aus fünf Löffeln Glyzerin und einem Löffel Salmiakgeist betupfen. Danach zwischen sauberen Tüchern mit nicht zu heißem Eisen trockendämpfen.

Obst

● In klarem Wasser sofort auswaschen und danach 8 – 12 Stunden in Milch einweichen. Dann klar nachspülen und Milchfleckenrand wie Milchkaffee behandeln.

Schokolade

● Waschbare Garne: lauwarmes Wasser, dann handelsübliches Fleckenwasser. Falls nicht ausreichend, ein Gemisch aus Glyzerin und Eigelb einwirken lassen und warm nachspülen, das Spülen mehrmals wiederholen.

Wachs

● Wachs abheben, zwischen weißem Löschpapier mit warmem Eisen bügeln. Löschpapier mehrmals wechseln. Bei roten Flecken danach in warmer Seifenlauge waschen oder mit Tetrachlorkohlenstoff Farbfleck ausreiben. Eventuell nach dem Ausbügeln mit Terpentinöl über Fließpapier betupfen (nur mit warmem Eisen bügeln).

Tinte

● Mit klarem Wasser ausspülen, mit Feinwaschlauge auswaschen und dann klar nachspülen. Alte Flecken mit einem Brei aus Salz und Zitronensaft beträufeln. Danach mit Salz bedecken, Säure samt Tinte einsaugen lassen und mehrmals nachspülen.

Wagenschmiere, Lackfarben
- Mit Terpentinöl auf saugender Unterlage tränken, Fleckstelle mit Wattebausch abtupfen, in Feinwaschlauge auswaschen und nachspülen.

Zucker
- Flecken gehen in frischem Zustand meistens mit lauwarmem Wasser heraus. Alte Flecken behandelt man erst mit einer Lösung aus halb Glyzerin und halb Salmiakgeist, dann waschen.

Chemische Reinigung
- Wenn diese Tips keinen Erfolg bringen, dann gibt es nur noch eine Möglichkeit für Ihre wertvolle Handarbeit: Bringen Sie sie in die chemische Reinigung.

Bleiben Sie auf dem Teppich…

Was man aus Wollresten
alles machen kann

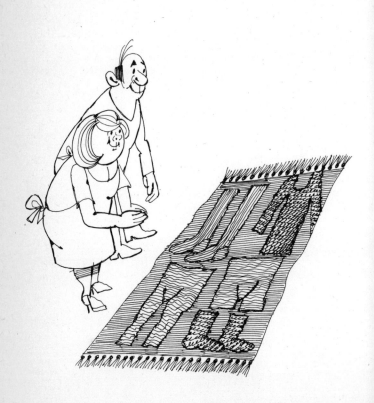

Wie Sie preiswert an Wollreste kommen

- Schauen Sie im Ausverkauf nach billiger Wolle, kaufen Sie Wollreste im Sonderangebot im Wollgeschäft, da ist immer was zu bekommen – und Sie werden genug Wollreste zum Verstricken haben.
- Und wenn Sie dann genügend dünne Wolle gehortet haben, stricken Sie sich ein riesengroßes Schultertuch.
- Alle Wollreste sollen möglichst dünn sein und möglichst die gleiche Stärke haben.

Ein Schultertuch

- Zugegeben, das erfordert viel Arbeit, aber die Mühe lohnt. So ein wärmendes Tuch können Sie im Winter über dem Mantel tragen, an kühlen Tagen ersetzt es die Strickjacke, schlingen Sie es um die Hüften, wird es zum Rock – sogar als Decke können Sie es verwenden.
- Der Schnitt ist raffiniert, doch ist es einfach zu stricken.

So wird's gemacht

- Das Tuch wird in zwei Teilen gearbeitet und zum Schluß zusammengenäht.
- Sie beginnen unten mit der Maschenaufnahme. Nehmen Sie zwei Wollfäden von verschiedener Farbe doppelt und schlagen Sie 30 Maschen an.
- Die linke Seite wird gerade hochgestrickt (mit Knötchenrand), auf der rechten Seite nehmen Sie in jeder zweiten Reihe eine Masche zu (Kettrand).
- Spielen Sie mit den Farben, wenn Sie eine kunterbunte Stola haben wollen. Auch ein- oder zweifarbig sieht so ein Stück sehr vornehm aus.
- Von jeder neuen Farbe, die Sie einstricken, lassen Sie

147

einen langen Faden am Rand, an dem Sie zunehmen, hängen, der wird nachher mit den Fransen verarbeitet.

- Das Prinzip des Farbwechsels ist ganz einfach. Nehmen Sie immer zwei verschiedene Farben, wobei Sie die eine Farbe ruhig länger verstricken können, aber in jeder zweiten Reihe eine neue Farbe nehmen.
- Am besten stricken Sie glatt, das heißt, eine Reihe rechts, eine Reihe links – so können Sie das Stück beidseitig tragen.

Angaben in cm:

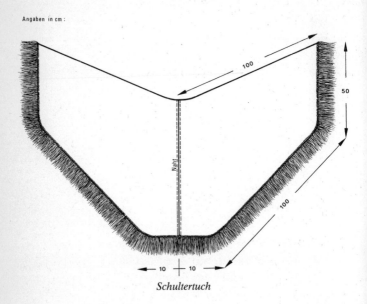

Schultertuch

- Wenn die Stola die gewünschte Breite hat, dann auf der rechten Seite gerade hochstricken und auf der linken Seite auf jeder zweiten Reihe eine Masche abnehmen. Diese Form macht den Pfiff des Tuchs aus – es sitzt dadurch ideal, Sie können sich richtig darin einkuscheln.
- Die andere Seite arbeiten Sie gegengleich.

148

- Zum Schluß zusammennähen und Fransen – möglichst lang, sie dürfen ruhig 20 cm lang sein, dadurch wird das Schultertuch noch größer – dranknüpfen.
- Wie das geht, wird auf Seite 15 beschrieben. Mit diesen so verarbeiteten Wollresten werden Sie Aufsehen erregen.

Der Reste-Pulli
- Stricken Sie sich einen bunten Restepulli.
- Nicht die hergebrachten Streifen, stricken Sie bunte Felder – und dabei ist es hübsch, wenn die Wolle verschiedene Stärken hat.
- Den Bund zwei rechts zwei links, die Felder bitte glatt stricken, sonst wird es zu wirr.
- Wenn die Wollstärken zu verschieden sind, arbeiten Sie mit dem Nadeltrick. Die dickere Wolle mit dünneren Nadeln verstricken, die dünnere dafür mit dickeren.
- Dieser Pulli darf ruhig Überweite und Überlänge haben – nur dann sieht er wirklich gut aus!

Die Reste-Decke
- Was Sie aus Wollresten natürlich machen können, ist eine Decke – auf die Idee sind Sie sicher selbst schon gekommen. Stricken Sie Vierecke in beliebiger Größe, die Sie anschließend zusammennähen.
- Verfeinern Sie die Wolldecke mit Stoffresten, wenn Sie haben Lederreste, die Sie der Einfachheit halber willkürlich, egal in welchen Größen, auf die Decke aufnähen.
- Und noch eine Idee, die sich verrückt anhört: Stricken Sie eine riesengroße Decke aus den Wollresten – und nun schmeißen Sie die in die Waschmaschine und waschen sie bei 100 Grad. Was dann passiert? Die Decke

verfilzt total – und wird so zu einem dekorativen Teppich für Flur oder Küche. Machen Sie sich keine Sorgen, ob die verschiedenen Garne färben – was herauskommt wird in jedem Fall ein attraktives Phantasiegebilde werden. Nur Mut!

Ein Stirnband

- Hübsch aus Wollresten sind Stirnbänder. Sie halten warm, sehen lustig aus – und sind leichter und schneller zu stricken als Mützen. Ganz einfach Kopfumfang messen, Maschenprobe machen – und ein breites Band stricken – egal, welches Muster – zusammennähen – fertig!

Stulpen als Knie- und Pulswärmer

- Sie sind immer noch gefragt: Stulpen in allen Farben, in jeder Länge. Kurze Stulpen als Pulswärmer.

So wird's gemacht

- Stulpen werden auf einem Nadelspiel gearbeitet.
- Für die Stulpen 2 Maschen rechts, zwei Maschen links stricken.
- Bei Nadelstärke 3 ½ ist die Maschenanzahl für normale Beine 60.
- Machen Sie aber lieber vorher eine Maschenprobe.
- Die Pulswärmer: 1 Masche rechts, 1 Masche links im Wechsel stricken. Bei Nadelstärke 4 ½ schlagen Sie 31 Maschen an, bei dünnerer Wolle natürlich entsprechend mehr.
- Machen Sie sich die kleine Mühe und stricken Sie eine Maschenprobe. Dann stimmt's bestimmt!

Strickbeutel

- Wie wär's mit einem *Strickbeutel* aus Wollresten gearbeitet? Sowas eignet sich für viele Dinge, für kleinere Einkäufe, manchmal sogar als Handtaschenersatz – machen Sie ihn nicht zu groß, sonst beult er leicht aus.

So wird's gemacht

- Stricken Sie am besten kraus, also nur rechte Maschen und verarbeiten Sie die Wollreste in Querstreifen.
- Je nach Wollstärke empfiehlt es sich zwischen 25 und 30 Maschen anzuschlagen und stricken Sie gerade hoch – so ca. 25 Zentimeter.
- Nehmen Sie in jeder zweiten Reihe eine Masche ab, bis Sie nur noch vier Maschen auf der Nadel haben.
- Abketten.
- Dann ein zweites Teil arbeiten und die beiden Teile zusammennähen.
- Und nun flechten Sie aus diversen Wollresten einen dicken Zopf – lang genug, damit Sie die Tasche über die Schulter hängen können – an beiden Seiten annähen – fertig!

Der Strickfleck zum Ausbessern

- Wenn Sie schadhafte Stellen in Sesseln oder Polstermöbeln, auf dem Sofa haben – bessern Sie diese Stellen mit einem gestrickten Flecken aus.
- Einfach einen Strickfleck stricken – der muß ja nicht unbedingt viereckig sein, der kann auch rautenförmig, rund, rechteckig, schräg sein – und mit feinen, möglichst unsichtbaren Stichen auf Ihre Polster nähen. Dafür eignet sich eine halbrunde Polsternadel.

Puppe zum Schmusen

- Wenn Sie Ihrer Tochter eine besondere Freude machen wollen, stricken Sie ihr eine Puppe zum Schmusen – die kann 20 cm groß sein oder einen Meter.

So wird's gemacht

- Stricken Sie Kopf, Körper, rechten Arm, linken Arm, rechtes Bein, linkes Bein einzeln, nähen Sie die jeweiligen Teile zusammen – und füllen Sie sie mit waschbarer Watte.
- Augen, Nase, Mund einsticken.

152

- Haare aus Wollfäden schneiden und annähen.
- Auch wenn die Form nicht 100%ig hinhaut – ich schwöre Ihnen, dieses Traumstück wird die Lieblingspuppe Ihres Töchterchens werden.

Gestrickter Tierpark

- Auf diese Weise können Sie natürlich viele Tiere stricken, Bärchen, Elefanten, Giraffen sind gar nicht so schwer.
- Machen Sie sich eine Zeichnung, nach der Sie arbeiten. Und wenn auch nur ein Phantasietier rauskommt, das in der Wirklichkeit kein Gegenstück hat, macht nichts – ihre Kinder freuen sich bestimmt und belohnen die Mühe.

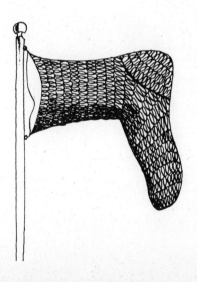

Gestrickte Hausschlange

- Was natürlich ganz besonders toll aus Wollresten zu stricken geht, ist eine immens dicke und immens lange Schlange.

- Die können Sie einfach mit der Rundnadel stricken – die Stärke ist Ihnen überlassen – den Schwanz nicht vergessen spitzer zu stricken.

- Den Kopf abrunden und eine rote, lange Zunge, die Sie auch stricken können, drannähen.

- So ein Tier ist Schmuckstück im Kinderzimmer, Sitzgelegenheit und Spielzeug zugleich.

Stichwort-Verzeichnis

157